Couverture inférieure manquante

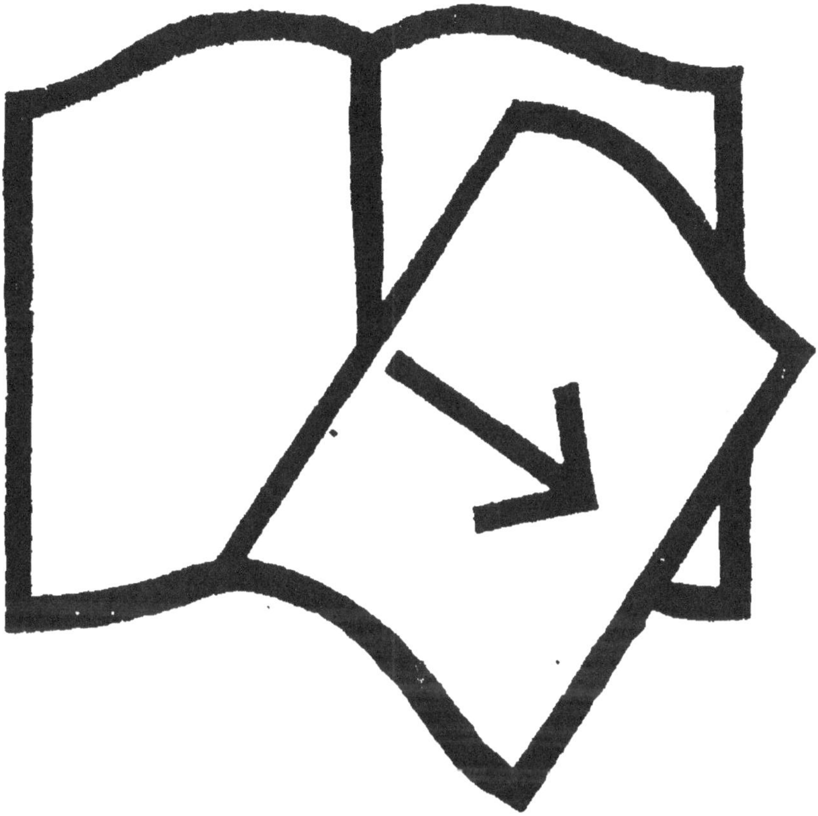

Original en couleur

NF Z 43-120-B

LÉON TOLSTOÏ

PLAISIRS CRUELS

CONTENANT

LA PROFESSION DE FOI DE L'AUTEUR

TRADUIT DU RUSSE

Par **E. HALPÉRINE-KAMINSKY**

PRÉFACE

PAR

Charles RICHET

Professeur à la Faculté de médecine de Paris

PARIS

BIBLIOTHÈQUE-CHARPENTIER

G. CHARPENTIER et E. FASQUELLE, éditeurs

11, RUE DE GRENELLE, 11

1895

PLAISIRS CRUELS

G. CHARPENTIER et E. FASQUELLE, Éditeurs

11, RUE DE GRENELLE, PARIS

OUVRAGE DU MÊME AUTEUR

dans la *Bibliothèque-Charpentier* à **3** fr. **50** le volume.

Plaisirs vicieux............................... 1 vol.

Sceaux. — Imp. Charaire et Cie

LÉON TOLSTOÏ

PLAISIRS CRUELS

CONTENANT

LA PROFESSION DE FOI DE L'AUTEUR

TRADUIT DU RUSSE

Par E. HALPÉRINE-KAMINSKY

PRÉFACE

par

CHARLES RICHET

Professeur à la Faculté de médecine de Paris.

PARIS

BIBLIOTHÈQUE-CHARPENTIER

G. CHARPENTIER et E. FASQUELLE, ÉDITEURS

11, RUE DE GRENELLE, 11

—

1895

AVANT-PROPOS DU TRADUCTEUR

Le volume de Tolstoï que nous présentons aujourd'hui au lecteur sous le titre de *Plaisirs Cruels* complète celui, précédemment publié par MM. Charpentier et Fasquelle, intitulé : *Plaisirs Vicieux*. C'est contre ces deux lèpres morales : la Cruauté et le Vice, que le comte Tolstoï, comme bien des moralistes avant lui, s'élève particulièrement dans ses nombreux écrits. Il montre que le plaisir que nous croyons éprouver dans certains cas n'est qu'une jouissance factice et dénaturée, parce qu'elle est basée sur la cruauté ou le vice que la saine morale ne peut pas approuver.

Nous avons vu ce que Tolstoï comprend par les mots : « plaisirs vicieux ». Aujourd'hui il nous dit que les tueries d'hommes ou d'animaux sont des « plaisirs cruels ».

C'est évident pour tout le monde, mais cela le devient moins lorsqu'on spécifie davantage ces plaisirs, lorsqu'on y range : la guerre, la chasse et jusqu'à l'abatage des animaux alimentaires.

Ceci est le côté négatif de la morale de Tolstoï. Pour montrer qu'il ne se borne pas à critiquer nos mœurs actuelles, nous faisons connaître en même temps, comme dans le volume précédent, ses idées positives, le remède qu'il croit avoir trouvé pour nous guérir de nos penchants vicieux ou cruels. Il le fait dans l'étude : le *Bonheur* et, avec une émotion et une sincérité particulières, dans sa *Profession de foi*.

Dans une préface magistrale, A. Dumas fils a commenté, approuvant ou rectifiant, les idées exprimées par Tolstoï dans *Plaisirs Vicieux*. Cette fois, c'est M. Charles Richet, l'éminent professeur de la Faculté de médecine de Paris, qui nous dit, avec l'autorité de l'homme de science, ce qui, dans le principal écrit de l'auteur de *Plaisirs Cruels*, mérite d'être retenu. Sollicité ainsi pour un examen indépendant, le lecteur pourra porter un jugement plus juste sur les graves problèmes qui se débattent devant lui.

E. H.-K.

PRÉFACE

L'ALIMENTATION ET LE LUXE

RÉPONSE A L. TOLSTOÏ

I

L'émotion qu'a provoquée l'article du comte Tolstoï, publié dans la *Revue scientifique*[1], ne nous a pas surpris. En effet, le grand écrivain russe s'est attaqué hardiment aux idoles que les hommes vénèrent le plus, et il a été jusqu'au bout de sa pensée, avec son audace et sa verve accoutumées.

Nous n'avons pas la prétention de lui

---

1. Voir plus loin : *Les mangeurs de viande*, article publié d'abord dans la *Revue scientifique*, 1892, 2e sem., n° 8, p. 225.

répondre; quelques pages ne suffiraient pas;
et d'ailleurs, sur bien des points, nous partageons trop ses idées pour le combattre.
Nous voudrions seulement traiter le même
sujet que lui, en nous plaçant à un point de
vue un peu plus étroit. A vrai dire, quel que
soit le talent de Tolstoï, le sujet n'est pas
épuisé, sujet tellement vaste, qu'il peut prêter
à des développements sans fin. Peut-être
jugera-t-on que, même après son admirable
écrit, il reste encore quelque chose à dire.

Au fond, la thèse que soutient le célèbre
philosophe n'est pas simple; elle se compose
de trois parties assez dissemblables qui peuvent, je pense, se formuler ainsi :

1° Le luxe est mauvais ;

2° Notre alimentation est trop abondante;

3° Il faut remplacer notre alimentation
animale par une alimentation végétale.

Voyons ce qu'on peut dire de ces trois propositions.

II

D'abord il est très difficile de dire où cesse le luxe et où il commence. On se souvient que Diogène, ayant vu un voyageur boire dans le creus[1] de sa main l'eau du ruisseau, jeta soudain son écuelle, qu'il dut dès lors considérer comme un meuble inutile. Cette pauvre écuelle était tout son avoir : elle était pourtant déjà du luxe ; mais ce luxe n'était pas immodéré.

Si l'on prenait au pied de la lettre ce que dit Tolstoï, tout ou presque tout dans notre existence serait du luxe. Même les choses

---

1. M. Charles Richet, partisan de la réforme de l'orthographe, emploie ici à dessein les s partout où, à la fin des mots, on a l'habitude d'employer aujourd'hui l'*x*. (*Note du traducteur*.)

qui nous semblent les plus nécessaires sont du luxe, comme, par exemple, le pain blanc, la viande fraîche, le linge propre et le savon. En effet, bien des êtres humains vivent sans pain blanc, sans viande fraîche, sans linge propre et sans savon.

Il est clair qu'en soi le luxe du pain blanc n'est pas mauvais; on ne peut regarder comme un méchant homme celui qui préfère le pain blanc au pain noir. Cependant, d'après l'auteur russe, le luxe en général, et le luxe du pain blanc en particulier, sont mauvais pour deux raisons; d'abord parce qu'ils efféminent celui qui en use, en second lieu parce que c'est une chose immorale que de manger du pain blanc, alors qu'il y a quantité de misérables — nos semblables — qui meurent de faim, n'ayant pas de pain, même noir, à manger.

Le premier argument, quoique moins grave que le second, ne laisse pas que d'être assez sérieux. Personne ne niera que la vie facile et luxueuse, faite aux riches par les progrès incessants de l'industrie, les dispose assez mal aux privations et à l'austérité. Le manteau de Marc-Aurèle ne me suffirait pas, hélas! pour passer une bonne nuit, et probablement beaucoup de mes lecteurs seraient dans le même cas. Combien utile cependant de pouvoir dormir sur la dure, tout habillé, sans autre abri qu'un manteau. Certes, s'il le fallait, je me résignerais à ce manteau; je mangerais du pain noir et je me passerais de savon. Mais la civilisation m'a tellement corrompu que je trouverais très désagréable, ou du moins peu agréable, cette nouvelle existence.

Pourtant, je l'avouerai franchement, je ne vois pas bien le besoin de revenir en arrière, de supprimer le luxe qui m'entoure. Car je me rends bien compte que, si je le voulais, dans telle ou telle circonstance donnée, service militaire, voyage, pari, nécessité, etc., je pourrais en un instant abolir ce luxe du

pain blanc, du lit moelleus et du savon.
L'*effémination*, produite par le bien-être, ne
m'a pas, je pense, envahi à ce point que cette
suppression me rendrait malade. Même, à
ce qu'il me semble, d'après une expérience
faite il y a quelques années dans le cours
d'un voyage lointain, en pays tout à fait sauvage, j'ai perdu très vite la notion du luxe
consistant dans ces trois éléments qui paraissent indispensables quand on vit à la ville :
le pain blanc, le lit et le savon; et j'étais
étonné de voir avec quelle facilité j'acceptais
cette privation.

Mais passons rapidement, et arrivons au
second argument, qui est l'argument fondamental, à savoir que le luxe est coupable parce
qu'il est des malheureus privés du nécessaire.
Et de fait c'est un spectacle scandaleus
que le contraste entre certaines existences
misérables et d'autres existences luxueuses.

Je ne crois vraiment pas qu'on puisse trouver de phénomène plus lamentable, indiquant mieux l'état précaire et imparfait de notre constitution sociale. Tout ce qu'on peut dire à cet égard est encore moins triste que la triste vérité.

Toutefois la misère n'est à plaindre que si elle est imméritée ; par exemple celle des petits enfants, ou des femmes, ou encore celle des hommes qui ne peuvent pas trouver de travail, ou encore, — ce qui est, je crois, le cas le plus fréquent, — celle des ouvriers, de la ville ou de la campagne, dont le salaire est insuffisant. Mais heureusement, si profondes que soient certaines misères, en France, en Angleterre, en Amérique, en Allemagne, elles ne vont pas jusqu'à la mort par inanition, et ce n'est guère qu'en Russie et en Asie que la faim fait des victimes. Hélas ! c'est beaucoup trop encore ; et il me semble bien vrai que tout homme de cœur doive en garder comme un secret remords plein d'angoisse.

Cependant nous pouvons, dans une certaine mesure, dire qu'en général nul ne meurt de faim par défaut de travail, et que la différence entre les classes diverses — au moins dans l'Europe occidentale — consiste en ce qu'il y a d'une part un luxe souvent très grand, et d'autre part seulement le strict nécessaire[1].

---

1. Cette assertion que personne ne meurt de faim est évidemment exagérée. D'abord il y a les petits enfants qui, mal nourris et mal soignés, meurent de faim en réalité. Puis il y a des maladies causées par la misère et une alimentation insuffisante. Ces maux, hélas, ne sont que trop réels, et la charité publique, puissamment secondée par la charité privée, ne suffit pas à les pallier.

Mais ce n'est pas en diminuant son luxe qu'on arrivera à supprimer cette misère, cause de tant de souffrances et de tant de morts; c'est en réformant l'organisation sociale, et surtout, ce qui est plus important encore que toute réforme sociale, en combattant les vices de la civilisation; l'*alcoolisme* par exemple, et la *paresse*, et le *jeu*. Le plus souvent, ceux qui sont misérables le sont en partie par leur faute; sinon par leur faute morale (car il faut être bien indulgent pour les erreurs humaines), au moins par le fait de leurs actes. Un ouvrier, s'il est sobre, peut gagner sa vie et celle de ses enfants. Nous devons donc, au lieu de l'enrichir par une

Évidemment le très grand luxe est absurde, surtout quand il détruit des objets utiles à la vie des autres. Prendre un bain de lait pour se faire une peau douce et parfumée, c'est sans doute une monstruosité; car ces cent litres de lait auraient porté le bien-être, et presque la santé, dans cinquante familles pauvres. Mais je ne connais guère d'exemples de ces bains de lait, et tous les luxes ne sont pas aussi absurdes.

Qu'il me soit donc permis d'en défendre au moins quelques-uns parmi ceux que Tolstoï attaque énergiquement.

Par exemple il s'indigne que le matin on ait du pain frais, des vêtements brossés, des

---

aumône vite disparue, chercher à lui donner l'habitude de la sobriété et du travail.

Ce qui entretient la misère, ce n'est pas le luxe des riches, ce sont les vices des pauvres : ils sont pauvres parce qu'ils ont des vices : c'est donc un paradoxe de prétendre que notre luxe (comme celui du pain frais, des lits, du savon, des montres, des lunettes) est cause de misère.

souliers cirés, le journal apporté, une lampe allumée ; bref, que toutes les petites douceurs de la vie aient été distribuées au riche par ses serviteurs. Mais est-ce un mal ?

Il semble que Tolstoï n'ait pas tenu compte de ce qu'on a justement appelé la *division du travail*, dont le principe doit être envisagé comme la base de notre état social. Certes nous ne sommes pas arrivés à la perfection. Hélas ! ce serait une sanglante ironie que de le dire ! Mais on peut prendre cette division du travail comme le point de départ de notre organisation sociale, une sorte d'idéal dont nous nous approchons plus ou moins.

Supposons une société composée de gens appartenant à plusieurs professions, dont quelques-unes sont tout à fait des professions de luxe : le laboureur, le boulanger, le mineur, le coiffeur, le blanchisseur, le médecin. Le laboureur ensemencera et cultivera la terre, le boulanger fera cuire le pain, le mineur extraira du sol le charbon qui chauffe les cheminées et les poêles. Mais pourquoi le laboureur, le boulanger et le mineur n'auraient-ils pas affaire à un coiffeur qui leur coupera les cheveux très longs, leur rasera la barbe inculte, leur vendra quelques savons et cosmétiques destinés à masquer l'odeur âcre du corps? Pourquoi se priveraient-ils de ce luxe, au prix d'un épi de blé, ou d'un pain, ou d'un morceau de charbon de moins? Pourquoi, s'ils veulent, laboureur, boulanger, mineur et coiffeur, avoir du linge blanc, ne s'adresseraient-ils pas au blanchisseur? Et, enfin, pourquoi le médecin n'emploierait-il pas le travail du laboureur, du boulanger, du mineur, du coiffeur et du blanchisseur, quitte à leur en donner l'équivalent par les soins médicaus accordés à eux et à leur famille?

Au lieu de payer ce travail en nature, ils

le payent, les uns et les autres, par une somme d'argent qui en représente l'équivalant. C'est un procédé d'échange qui est plus commode et plus maniable que tout autre.

Mais, dit Tolstoï, pourquoi le coiffeur? pourquoi le blanchisseur? Pourquoi ce luxe, qui est certainement inutile?

Eh bien, il me semble que c'est là le nœud de la question. Il s'agit, en effet, de savoir si ces douceurs de la vie sont un bien ou un mal.

Les progrès de la civilisation ont créé des besoins nouveaus, qui engendrent des industries nouvelles; mais ces besoins nouveaus, au lieu d'être blâmables, me paraissent salutaires. (Laissons de côté, bien entendu, le luxe désordonné qu'on peut appeler du *gâchage*.) Je ne voudrais pas voir diminuer le luxe modéré de tant de braves gens. C'est une chose bien agréable que d'avoir du pain frais, le matin, et une chemise propre à mettre.

Mais pourquoi tous les ouvriers n'auraient-ils pas ce luxe ? Est-ce donc chose impossible ? Beaucoup d'ouvriers anglais ont déjà un état de luxe et de *confort* très satisfaisant. Leur *home* est propre, sain et aéré ; leur linge est blanc ; leur nourriture, sinon succulente, est au moins saine et abondante. Grâce à la division du travail, l'ouvrier mineur peut avoir le luxe d'être rasé promptement, et de pouvoir mettre du linge blanc après qu'il est sorti de sa mine. En somme, le coiffeur et le blanchisseur travaillent pour lui, comme il travaille pour eus, et chacun, suivant son état et ses forces, tient sa place dans la société.

Vouloir que chacun soit forcé de semer le blé, de le faire cuire, d'aller fouiller dans la mine de charbon, de se couper les cheveus, de blanchir son linge et de soigner ses enfants malades, c'est admettre que chacune de ces besognes sera mal faite, ou, pour mieux dire, qu'elle ne sera pas faite du tout. C'est aller contre la civilisation, qui consiste précisément à donner au plus grand nombre la plus grande somme de luxe et de bien-être.

Supposons une petite société composée d'hommes ayant des droits égaux et le même patrimoine. Bien vite ils s'entendront pour que chacun ait sa fonction spéciale, en tâchant de se donner aux uns et aux autres le plus de luxe possible. Il y aura un coiffeur, un blanchisseur, un cuisinier, un cocher, des laboureurs, des mineurs, des pêcheurs, et chacun connaîtra son métier d'une manière plus habile que s'il était forcé de faire tout à la fois. C'est ainsi que les choses se passent dans un régiment, qui constitue une petite société très égalitaire.

On ne peut pas prétendre qu'il s'agisse là d'un esclavage; car enfin tout homme doit être considéré comme forcé de travailler. A ce point de vue il est vraiment esclave; c'est une loi naturelle, très dure, mais à laquelle il faut bien se soumettre.

Tout homme doit travailler pour vivre : voilà un axiome fondamental qui est à l'origine de toute société.

Certains métiers sont assurément plus doux que d'autres ; le laboureur n'a pas grand'chose à faire en hiver ; mais le temps du labour est très rude. Le blanchisseur fait en hiver un métier très pénible ; le cuisinier lui-même, alors que les autres se reposent de leur journée, est forcé de les servir. Puis, le soir venu, l'acteur, qui n'a pas grand'chose pendant le jour, est forcé, pendant toute la soirée et une partie de la nuit, de faire rire les gens, qui, ayant travaillé jusque-là, veulent se délasser le soir. Chacun a sa part de travail : c'est un esclavage sans doute, mais au moins c'est un esclavage commun à tous les hommes.

Il est vrai que, dans l'organisation sociale actuelle, certains individus, véritables para-

sites, sans travailler, profitent de toutes les
jouissances du luxe. C'est une anomalie ; c'est
même, si l'on veut, une monstruosité, contre
laquelle, non sans raison, les socialistes se
sont toujours élevés. Mais il est clair que
bientôt — par quelles voies, nous ne le savons
guère — ce mal sera diminué. Il arrivera
sans doute un moment où, par la restriction
croissante du revenu, comme aussi par l'éta-
blissement, devenu nécessaire, d'un impôt
progressif sur l'héritage, ces parasites ne
pourront plus exister, si bien que forcément
il n'y aura plus de parasites ni d'oisifs.

Mais la suppression des parasites ne sera
pas, fort heureusement, la suppression du
luxe.

Si l'on cherche à pénétrer le sens vrai de
ce mot complexe qu'on répète si souvent
sans le comprendre, c'est-à-dire du mot
civilisation, on voit qu'elle consiste à accroître

le luxe de chacun. Par exemple c'est un luxe que de pouvoir boire de l'eau bien pure, bien limpide, bien privée de germes nocifs. Par des moyens divers, je suis arrivé à ne boire chez moi que cette eau saine, irréprochable. Pourquoi voudrait-on me faire boire de l'eau croupie, sous prétexte que de pauvres diables boivent de l'eau infecte ? Ce n'est pas la conclusion à laquelle j'arrive. Je tâcherai non pas de boire de l'eau croupie, mais de faire en sorte que les pauvres diables en question puissent boire comme moi de l'eau parfaitement saine. Si j'ai du linge propre et un lit confortable, je n'irai pas mettre du linge sale et coucher sur la dure ; je m'efforcerai de donner à tous mes concitoyens du linge propre et un lit confortable.

Donc ce n'est pas la diminution du luxe qui est à désirer, mais son extension. C'est tout le contraire de ce que prétend Tolstoï.

2.

Le luxe est un progrès, le luxe est un bien-fait. Il ne devient mauvais que s'il est ridiculement exagéré, et s'il échoit à des gens qui ne le méritent pas, n'ayant pas travaillé par eux-mêmes à le conquérir.

Tolstoï, quelque part, semble trouver mauvais qu'on porte un lorgnon. Mais, si la vue est défectueuse, n'est-ce pas un progrès que de savoir corriger par des verres les défauts de la vision? Les opticiens qui construisent les lunettes sont des ouvriers de luxe, puisque aussi bien il est possible de vivre sans lunettes, même quand on est très myope ou très presbyte. Mais, quoiqu'un myope puisse vivre sans lunettes, il vaut mieux, pour lui et pour les autres, avoir de bonnes lunettes. Cela ne fait de mal à personne; et le vrai progrès me semble consister à pouvoir fabriquer — comme cela se fait aujourd'hui — des lunettes à bon marché, de manière que chaque personne, dont la vue est mauvaise,

puisse la corriger en achetant de bonnes
lunettes.

La montre était jadis un objet de luxe.
Grâce aux progrès de la fabrication, elle est
devenue un objet usuel, qui ne coûte presque
plus rien. Il y a cinquante ans, on donnait
une montre comme présent de noces ; c'était
un grand luxe, permis à quelques privilégiés ;
tandis qu'aujourd'hui il n'y a pas d'ouvrier
qui n'ait une montre, car il suffit d'économiser 6 ou 8 francs pour en avoir une. Il y a
quelques jours, je voyais un petit ouvrier de
quatorze ans, du port de Toulon, qui marchait
pieds nus dans la poussière, n'ayant pour
tout vêtement qu'une chemise et un pantalon
rapiécé. Eh bien, il avait une montre. Et cet
objet, qui était jadis de grand luxe, lui était
aujourd'hui plus facile et plus nécessaire
qu'une jaquette et des souliers ; car la douceur
du climat permet, là-bas, de vivre, au moins
en été, presque sans vêtements.

Un moment viendra où tous les objets qui nous paraissent objets de luxe deviendront, par suite du progrès général dans le raffinement de la civilisation, des objets de première nécessité. Il y a un siècle ou deus, on ignorait l'usage des assiettes, des fourchettes, des cuillers. Quel est aujourd'hui le ménage le plus pauvre qui ne possède ni assiettes, ni fourchettes, ni cuillers ?

Même le luxe des fleurs commence à être donné à chacun. J'ai vu des ménages d'ouvriers ou de paysans, ménages très humbles, où, dans un pot de porcelaine, étaient placées quelques fleurs des champs.

Au fond, le bien-être, — avec luxe qui n'est que le bien-être développé, — est une bonne, une excellente chose.

Revenir à l'état de nature, se nourrir d'herbes et de racines, laisser la vermine courir sur le corps, sans la culture d'aucun art et d'aucune science, sans les charmes d'un ameublement commode, sans les instruments perfectionnés que l'industrie nous fournit à si bon compte, ce serait un grand malheur. Mais nous n'en sommes point menacés, car notre état social prend une direction contraire.

Notre idéal est en avant et non pas en arrière. Nous voulons donner à tous les hommes le luxe et le bien-être que notre civilisation raffinée a su déjà donner à quelques-uns. Il ne s'agit pas de supprimer le nôtre.

III

Si nous passons à la seconde partie du travail de Tolstoï, spécialement relative à notre alimentation, nous voyons que le grand psychologue russe envisage les mœurs des classes sociales élevées à deux points de vue assez différents.

Il trouve d'abord que notre alimentation nous préoccupe trop, et ensuite qu'elle est trop abondante. Sur les deus points il est évident, psychologiquement et physiologiquement, qu'il a tout à fait raison.

Que nous parlions trop souvent des diners que nous avons faits et de ceux que nous devons faire, cela est bien clair. Mais, quoique cela soit bien sot, ce n'est peut-être pas un grand crime. C'est un défaut de bon goût, un manque de tact, une absence d'élévation intellectuelle, que je ne puis approuver, et que personne assurément n'approuvera. Il est ridicule de parler des dîners qu'on va faire et des plats qu'on a devant soi. Tout au plus peut-on préférer *in petto* un bon plat à un mauvais plat, car l'un et l'autre coûtent le même prix ; et il n'y a aucun profit pour les misérables que je mange une soupe trop salée, ou un rosbif pas assez cuit. Cependant c'est un manque de bonne éducation que d'insister sur les détails culinaires et d'en prendre quelque inquiétude. Harpagon avait bien raison de dire qu'il faut manger pour vivre, et non pas vivre pour manger. C'est là une proposition si simple que toute discussion est superflue.

Pourtant, il ne faudrait pas être trop exclusif et trop sévère dans son jugement. Si nous n'envisagions que la morale naturelle, nous verrions que tout animal, quel qu'il soit, a un

souci fondamental, auquel tous les autres sont
subordonnés : c'est le souci de sa nourriture.
A ce point de vue, l'homme est un vrai animal,
et il ne peut guère faire autrement, étant soumis aux mêmes lois physiologiques que tous
les animaus de la création. Il suffit de con-
sulter les récits militaires authentiques, écrits
au jour le jour, suivant les hasards du bivouac,
— et on en public tant aujourd'hui, qu'ils
commencent à former une petite littérature
toute spéciale — et on verra quelle place
importante, prépondérante, presque exclusive,
tient le souci du dîner et du déjeuner. C'est
pour chacun de ces braves gens, qu'ils écrivent
en anglais, en français ou en allemand, la préoccupation primordiale. Ils se rappellent les
villes qu'ils ont traversées, les campagnes qu'ils
ont menées, non d'après des victoires ou des
revers, non même d'après des dangers courus
et victorieusement surmontés, mais d'après
les ripailles, les bombances qu'ils ont faites.

Après tout, qui oserait dire que cette préoccupation les empêchait d'être des héros? Les
dieux mêmes d'Homère se réjouissaient devant
les énormes morceaus de venaison qu'on leur
servait : et le Valhalla n'est qu'un paradis où
l'on mange à satiété.

Il n'importe : c'est un pas fait en avant
dans la moralité personnelle, individuelle,
que d'avoir un certain dédain pour la bonne
chère, et c'est faire preuve, non d'une âme
vile, mais d'un esprit étroit, que de s'inté-
resser aux mets qui constituent nos repas.
L'idéal des animaus ne doit pas être l'idéal
de l'homme, et nous devons mettre le but de
notre vie plus haut que la mastication de tel
ou tel plat, plus ou moins succulent.

Et cependant, lorsque, après une journée
laborieuse, le père de famille se retrouve au
milieu des siens, quand des amis qui ne se
sont pas vus depuis longtemps se rassemblent
pour causer gaiement, un certain luxe de table

ne me paraît pas criminel. Repos et repas
vont ensemble. J'admire, comme il convient,
l'ascétisme et la frugalité de certains mysti-
ques célèbres, anachorètes ou autres ; mais je
ne porterai pas de jugement sévère sur le
paysan qui se réjouit de pouvoir, certain
dimanche, mettre la poule au pot, petite
récompense du travail écrasant qu'il a accompli. Les hommes ne sont pas des anges, et,
si on leur enlève ce petit espoir qu'un joyeus
dîner suivra le labeur du jour, il est à craindre
que le labeur du jour n'en pâtisse.

Arrivons maintenant à la seconde partie de
l'argumentation de Tolstoï : « Tous, dit-il,
nous mangeons trop. » Eh bien, franchement,
et sans restriction aucune, il a raison.

D'abord, nous mangeons plus que notre
faim. Il suffit, pour s'en convaincre, de remplacer par un mauvais dîner le bon dîner que
nous faisons d'habitude. Croit-on que dans

les deus cas notre consommation alimentaire sera la même? Que l'on nous donne à manger un pain blanc, frais, succulent, aussi délicat qu'une brioche, ou bien du pain rassis, bis, à moitié noir, et on verra la différence de la quantité consommée dans l'un et l'autre cas. Peut-on nier que sur les deus ou trois plats (ou quatre, ou même cinq, ou même six) que nous avons à notre table, il y en ait plus d'un ou deus qui soient nécessaires? Une fois que nous avons fini le second plat, voire même, si l'on veut, le troisième, nous ne mangeons plus que par gourmandise et goinfrerie.

Et, il faut bien le dire, c'est comme une conspiration universelle pour nous pousser à cet abus. Essayez de dire qu'un plat suffit à notre faim, et tout le monde s'indignera. On sera traité de fou, d'utopiste, de rêveur. Chacun se sentira blessé dans sa propre gloutonnerie, et on n'aura pas assez de railleries pour l'impudent qui cesse de manger quand la faim est apaisée, en dépit des plats succulents qu'on lui présente.

Si nous comparions la quantité d'aliments qui suffit à un paysan et celle qui est nécessaire à un riche, nous serions tentés de dire que ce sont deux êtres d'espèce différente. Un pêcheur se contente d'un morceau de pain avec un peu de fromage, et le touriste qui accompagne le pêcheur emporte tout un attirail de cuisine, non que la nécessité physiologique soit plus impérieuse pour lui que pour le pêcheur; mais il a pris l'habitude de manger au delà de sa faim, et de ne quitter la table que quand il lui est matériellement impossible de manger davantage.

L'Arabe qui accompagne le voyageur sportique en excursion dans le désert se contente d'un peu de pain dur et de quelques dattes; et ce n'est pas sans un certain mépris qu'il considère les paniers de provisions, les boîtes de conserves et autres ingrédients innombrables que le sportsman se croit forcé d'emporter avec lui, sous peine de mourir de faim.

Cet excès d'alimentation est absurde, et, au point de vue de la santé et de la vigueur physique, nous devons tous, les uns et les autres, réformer courageusement nos mœurs. Après un repas trop copieus, tout travail devient impossible. La dilatation de l'estomac, les maladies du foie, la goutte, le diabète, l'obésité, et quantité d'autre maladies, sont la conséquence immédiate de l'abus de nourriture.

Les physiologistes ont mesuré exactement la quantité d'aliments nécessaire et suffisante à l'homme; et ils ont trouvé que, pour une journée de vingt-quatre heures, 125 grammes de viande suffisent à un adulte, avec 500 grammes de pain, 300 grammes de pommes de terre et 50 grammes de beurre et de fromage. Voilà évidemment une alimentation très substantielle et qui pourrait suffire à

3.

chacun de nous. Pourtant journellement chacun de nous dépasse cette limite, au grand détriment de sa santé.

Nous pouvons hardiment affirmer que nous mangeons *trois fois* plus qu'il n'est nécessaire. Quoique étant à peu près convaincu que je ne serai pas écouté, je prierai volontiers chacun de mes lecteurs de faire sur lui-même cette petite expérience. Qu'il supprime un des plats de son déjeuner et un des plats de son dîner, qu'il s'habitue lui-même, et qu'il habitue les siens (ce ne sera pas chose facile), à cette suppression, et il sentira bientôt tout le bénéfice de ce nouveau régime. Plus de digestions laborieuses, avec la mauvaise humeur qu'elles entraînent. A l'heure de chaque repas, un appétit robuste qui fera trouver exquis les mets présentés.

Nous devrions prendre modèle sur les paysans, laboureurs, pêcheurs, gens du peuple, qui mangent peu, non certes par sobriété, mais par économie. Au bout de quelques semaines de ce régime salubre et fortifiant, nous serions pleinement convaincus que notre manière de vivre est absurde, et que tous nous péchons par gourmandise, mangeant trois fois plus que nous n'avons besoin de manger.

IV

Il nous reste à voir si, comme le veut Tolstoï, l'alimentation végétale est préférable à l'alimentation animale.

Prenons d'abord le côté qu'on pourrait appeler *sentimental* de la question. Certes rien n'est plus hideux qu'un abattoir. Tuer un être jeune, vaillant, plein de vie, que ce soit un lièvre, un poulet, un mouton ou un bœuf, c'est une action qui semble cruelle et inhumaine, et le tableau saisissant que nous donne Tolstoï de la mort du taureau est encore au-dessous de la réalité, quelque vive qu'en soit la peinture.

Mais laissons l'élément dramatique, et voyons ce qui au fond doit être en jeu au point de vue sentimental, c'est-à-dire la douleur de l'animal égorgé.

Eh bien, il semble que cette douleur est presque réduite à un minimum. Après tout, ce taureau devait mourir un jour! Il n'était pas éternel, et, si on lui avait laissé la vie, il aurait fini par succomber à la vieillesse ou à la maladie. Mais après quelle longue et douloureuse agonie! La Nature, quand elle fait mourir un de ses enfants, ne lui épargne aucune souffrance. Elle est sans pitié, prolongeant les affres de la fin pendant des heures, parfois pendant des jours entiers, et faisant précéder cette fin inévitable par une longue et dure maladie. A tout prendre, cette mort rapide, violente, qui fait en quelques secondes disparaître la conscience, est un bienfait; et moi, qui aurai sans doute, comme la plupart des hommes, à attendre une mort lente et pénible, j'envierai, hélas! sur mon lit de douleur cette fin rapide qui prend l'être en pleine force et qui anéantit sa conscience par un coup soudain, sans amener l'anéantissement final à la suite d'une longue série de douleurs savamment ménagées et progressives.

C'est être humain pour les animaux que de les tuer vite et bien. S'il y a cruauté de l'homme, c'est surtout dans le plaisir de la chasse ; car beaucoup d'animaux estropiés, blessés, échappent au chasseur, pour aller mourir dans un trou, après de longues heures d'effroi et de souffrance. Mais, à l'abattoir, la mort est prompte, et on peut dire qu'elle est douce.

Ainsi, pour ce qui est de l'animal, on ne peut dire que nous soyons vraiment cruels en les sacrifiant pour en faire notre nourriture.

Reste la question de savoir si l'alimentation animale est nécessaire. Sur ce point, Tolstoï a absolument raison. Non, mille fois non, cette alimentation n'est pas nécessaire. Tous les faits le prouvent, et c'est l'ABC de la physiologie. Les herbivores sont des êtres comme nous, ayant mêmes lois physiologiques de nutrition, de chaleur et de respiration, et ils ne meurent pas de faim, que je sache, quoiqu'ils ne consomment pas de viande.

On peut même dire que pour l'homme l'alimentation animale est l'exception. Les Hindous, les Arabes, les Chinois, les paysans de beaucoup de régions de l'Europe se contentent de riz, de dattes, de farines, de légumes, de fruits. Si à ces aliments ils joignent le lait, les œufs, le beurre et le fromage, ils ont alors une alimentation parfaitement suffisante. Chimistes et physiologistes sont d'accord pour dire que dans le pain, les pois, les haricots, il y a bien assez d'azote pour la nutrition. Le fromage est, de toutes les substances alimentaires, celle qui, sous le plus petit volume, contient le plus d'azote. Aux premiers âges de la vie, tout mammifère n'a pour nourriture que du lait; et pendant un an ou deus, non seulement cette nourriture lui suffit, mais encore toute autre lui est funeste.

La question est donc jugée définitivement. On peut vivre et bien vivre sans manger de viande.

Mais cette proposition, si absolue qu'elle soit, n'entraîne nullement cette conséquence que l'alimentation animale doit être abandonnée.

En effet, il peut y avoir pour l'homme quelque avantage à manger de la viande, quoique la viande ne soit pas indispensable. C'est l'opinion adoptée, avec raison, croyons-nous, par la majorité des physiologistes.

Le lait, le fromage, associés aux farines, aux fruits et aux légumes suffisent amplement à la vie. Mais cette alimentation a l'inconvénient d'employer une grande masse alimentaire, et, par conséquent, de nécessiter un travail digestif plus laborieux que si une petite quantité de viande y était ajoutée. 100 grammes de pain contiennent à peu près 1 gramme d'azote (en chiffres ronds), tandis que 100 grammes de viande contiennent 3 grammes d'azote. Par conséquent, au point de vue de la nutrition en azote, il faudrait ingérer trois fois plus de pain que de viande. Si nous éliminions la viande de notre alimentation, la ration de pain s'élèverait de 500 à 1,000 grammes. Certes, la digestion de ce kilogramme de pain finirait par se faire ; mais elle exigerait un travail supplémentaire des forces digestives, travail lent et pénible, avantageusement remplacé par la substitution de 150 grammes de viande à 500 grammes de pain.

A un autre point de vue encore, la partielle substitution de la viande au pain aurait quelques avantages.

Les végétariens cherchent à diminuer les souffrances des animaus : c'est fort bien; mais il faudrait aussi penser à l'homme. Or il est certain que le labourage de la terre, l'ensemencement, la culture, la récolte, la mouture du blé exigent au moins autant d'efforts que l'engraissement des bestiaus.

Un bœuf fournit près de 125 kilogrammes de bonne viande. Est-ce que, pour arriver à mener un bœuf à son poids normal, le travail et les peines de l'homme ne sont pas moindres que pour produire 500 kilogrammes de farine? C'est à ce point de vue, semble-t-il, qu'il faut se placer. Puisque avant tout il s'agit d'économiser les souffrances et le labeur de l'homme, mieux vaut lui faire produire 1,500 kilogrammes de farine et un bœuf que 2,000 kilogrammes de farine.

En somme, il est certainement absurde de prétendre que l'homme a besoin de viande pour se nourrir; mais vouloir supprimer la viande de notre alimentation, c'est tomber dans un autre excès. Un peu de viande — viande de poisson ou de boucherie — épargnera beaucoup de pain et de légumes, et notre santé s'en trouvera bien.

V

Après avoir ainsi combattu quelques-unes des propositions de l'illustre psychologue russe, pouvons-nous dire qu'il a eu tort? Non, certes, et il reste quelques indications générales qu'il faut précieusement recueillir.

C'est d'abord que le luxe exagéré est coupable et absurde, et que ceus qui vivent dans le luxe doivent constamment penser à ceus qui vivent dans la misère.

Notre but doit être, non pas d'augmenter notre luxe, mais de donner un peu de luxe à ceus qui ont à peine le strict nécessaire, et, pour y arriver, de faire sur soi-même un effort moral; par exemple, de diminuer notre alimentation trop abondante, ce qui amènera aussitôt une amélioration de notre santé, et augmentera notre vigueur physique et intellectuelle.

Puisse-t-il n'avoir pas prêché dans le désert ! Puisse sa voix généreuse avoir diminué l'égoïsme et la brutatité, fléaus de l'homme, obstacles à tout progrès !

CHARLES RICHET.

LES MANGEURS DE VIANDE

PLAISIRS CRUELS

LES MANGEURS DE VIANDE

I

Dans tous les actes de sa vie, l'homme doit apporter un esprit de méthode sans lequel le but qu'il poursuit ne saurait être atteint. Cela est vrai, qu'il s'agisse des choses matérielles ou immatérielles. De même qu'il sera impossible au boulanger de faire du pain, s'il n'a ni pétri sa pâte, ni chauffé son four, de même l'homme qui tendra vers une vie morale, ne pourra réussir qu'autant qu'il aura su acquérir les diverses qualités, dont l'ensemble fait qu'on peut dire de celui qui les possède : « C'est un homme d'une vie morale irréprochable. » Il faudra en outre que dans l'acquisition de ces qualités, il suive une marche logique, ordonnée ; qu'il commence par les vertus fondamentales et qu'il gravisse petit à petit, les échelons qui le mèneront au but qu'il poursuit.

Dans toutes les doctrines morales, il existe une échelle, laquelle, comme dit la sagesse chinoise, va de la terre au ciel et dont l'ascension ne peut s'accomplir autrement qu'en commençant par l'échelon le plus bas. Cette règle est prescrite aussi bien par les bramines et les bouddhistes que par les partisans de Confucius, on la retrouve également dans les doctrines des sages de la Grèce.

Tous les moralistes, aussi bien déistes que matérialistes, reconnaissent la nécessité d'une succession définie et méthodique dans l'assimilation des vertus sans lesquelles il n'y a pas de vie morale possible. Cette nécessité découle de l'essence même des choses; il semblerait par conséquent, qu'elle dût être acceptée par tous. Mais, chose étrange! depuis que le christianisme est devenu synonyme d'Église, la conscience de cette nécessité tend à disparaître de plus en plus et elle n'existe plus guère que chez les ascètes et les moines.

Parmi les chrétiens laïques, il est parfaitement admis qu'un homme puisse posséder des vertus supérieures sans avoir commencé par acquérir celles qui, normalement, auraient dû l'y conduire; certains vont même plus loin et prétendent que l'existence de vices parfaitement déterminés chez un individu, ne l'empêche en aucune façon de posséder parallèlement de très hautes vertus.

Il est résulté de cela, qu'aujourd'hui, chez les laïques, la notion de la vie morale est, sinon perdue, tout au moins fort embrouillée.

II

Cela est arrivé, à mon avis, de la façon suivante.

Le christianisme, en remplaçant le paganisme, a posé en principe une morale plus exigeante; mais cette morale, comme celle du paganisme, ne pouvait être atteinte qu'après avoir suivi tous les degrés de l'échelle des vertus.

D'après Platon, l'abstinence était la première qualité qu'il importait d'acquérir. Venaient ensuite : le courage, la sagesse et enfin la justice qui, d'après sa doctrine, était la vertu la plus haute qu'un homme pût posséder. La doctrine du Christ enseignait une autre progression : le sacrifice, la fidélité à la volonté divine et au-dessus de tout : l'amour.

Les hommes qui se sont sérieusement convertis au christianisme et qui ont cherché à mener une vie morale chrétienne n'en ont pas moins commencé par adopter le premier principe de la doctrine païenne en s'abstenant du superflu.

Qu'on n'aille pas croire que le christianisme ne faisait, dans ce cas, que s'approprier ce que le paganisme avait érigé avant lui. Qu'on ne me fasse pas ce reproche que j'abaisse le christianisme en ravalant sa haute doctrine jusqu'au bas niveau païen. Cela serait injuste; je reconnais la doctrine chrétienne comme la plus haute qui soit et je ne la compare en rien au paganisme.

C'est justement parce que la doctrine chré-tienne est supérieure à celle des païens qu'elle l'a supplantée; mais il n'en faut pas moins reconnaître que l'une et l'autre acheminent l'homme vers la vérité et le bien, et, comme ces deux choses sont immuables, au fond la voie qui y conduit doit être unique. C'est pourquoi les *premiers pas* dans cette voie doivent nécessairement être les mêmes, qu'il s'agisse des chrétiens ou des païens. Qu'est-ce qui différencie donc ces deux doctrines ? C'est que, à l'encontre de la doctrine païenne qui a été établie d'une façon bornée, la doctrine chrétienne est une tendance continuelle vers la perfection.

Platon, par exemple, établit comme modèle de perfection : la justice; le Christ choisit la perfection indéfinie : l'amour : « Soyez parfaits comme votre Père céleste est parfait. »

D'après le paganisme, avant d'arriver à la plus haute vertu, les degrés qu'on franchit ont leur importance relative : plus hauts ils sont, et plus il faut de vertu. Il résulte de là qu'au point de vue païen, on peut être plus ou moins vertueux ou plus ou moins vicieux.

D'après la doctrine chrétienne, il n'en saurait être ainsi : on est vertueux ou on ne l'est pas. On le devient plus ou moins vite ; mais on n'est réputé tel qu'autant que tous les éléments ont été acquis.

Je m'explique. Au point de vue païen, l'homme sage est vertueux ; mais celui qui, à la sagesse, ajoute le courage, l'est plus que l'autre et si, à ces deux qualités vient s'ajouter le sentiment de la justice, la perfection est atteinte. Le chrétien au contraire ne saurait être supérieur ou inférieur à un autre au point de vue moral ; mais il est d'autant plus chrétien qu'il se meut plus rapidement sur la voie de la perfection, quel que soit le degré sur lequel il se trouve à un moment donné, de sorte que la vertu stationnaire d'un pharisien est moins chrétienne que celle du larron dont l'âme est en plein mouvement vers l'idéal et qui se repent sur sa croix.

Telle est la différence entre les deux doctrines. Le paganisme considère l'abstinence comme une vertu alors que le christianisme ne l'admet que comme un moyen d'acheminement vers le sacrifice, condition première d'une vie morale.

Cependant tous les hommes ne considèrent pas la doctrine du Christ comme une tendance continuelle vers la perfection; la majorité l'a comprise comme une doctrine rédemptrice : le rachat du péché par la grâce divine transmise par l'Église chez les catholiques et les orthodoxes et la croyance en la rédemption chez les protestants et les calvinistes. C'est cette doctrine qui a fait disparaître la sincérité et le sérieux de l'attitude des hommes vis-à-vis de la morale chrétienne. Les représentants de ces organes pourront prêcher à satiété que ces moyens de salut n'empêchent pas l'homme de tendre vers une vie morale, mais y concourent au contraire; certaines

situations engendrent en elles-mêmes certaines conclusions, et aucun argument · ne
pourra empêcher les hommes de les accepter.

C'est pourquoi l'homme qui est imbu de
cette croyance de rédemption n'aura plus
l'énergie suffisante pour assurer son salut au
moyen de ses propres efforts ; il trouvera
bien plus simple d'accepter le dogme qui lui
est enseigné et d'attendre de la grâce divine
le rachat des fautes qu'il aura pu commettre.

C'est ce qui est arrivé à la majorité des
adeptes du christianisme.

III

Telle est la cause principale de ce relâchement dans les mœurs. Pourquoi s'astreindre à certaines coutumes? Pourquoi se priver de telle ou telle chose puisque le résultat sera le même? Pourquoi rompre avec des habitudes agréables en somme, puisque la récompense viendra quand même?

Tout récemment a paru l'encyclique du pape sur le socialisme. Dans ce document, le chef de l'Église, après une prétendue réfutation de la doctrine socialiste sur l'illégitimité de la propriété, dit expressément que « nul assurément n'est tenu de soulager le prochain en prenant sur son nécessaire ou sur celui de sa famille ou en retranchant quoi que ce soit de ce qu'exigent les convenances mondaines. Personne, en effet, ne doit vivre contrairement aux convenances ». (Cela est emprunté à saint Thomas : *Nullus enim inconvenienter debet vivere.*) « Mais, après avoir satisfait aux besoins et aux convenances extérieures, dit plus loin l'encyclique, le devoir de chacun est de donner le superflu aux pauvres. »

Ainsi prêche le chef de l'Église la plus répandue aujourd'hui; ainsi prêchaient tous les Pères de l'Église qui reconnaissaient le salut par l'action insuffisant.

Et à côté de la prédication de cette doctrine égoïste, qui prescrit de donner au prochain ce dont on n'a pas besoin, on prêche l'amour dudit prochain et c'est toujours avec emphase qu'on cite les célèbres paroles prononcées par saint Paul dans le XIIIe chapitre de sa première épître aux Corinthiens.

Quoique la doctrine évangélique tout entière soit remplie d'appels à l'abnégation et enseigne que cette vertu est la première des conditions pour atteindre à la perfection

chrétienne; quoiqu'il y soit dit que « qui ne
portera pas sa croix, qui ne reniera pas son
père, sa mère, qui ne risquera pas sa vie... »
ces hommes persuadent aux autres qu'il n'est
pas nécessaire pour aimer son prochain de
sacrifier ce à quoi on est habitué, mais qu'il
suffit de donner ce qu'on juge convenable.

Ainsi parlent les Pères de l'Église et, con-
séquemment, ceux qui repoussent la doctrine de l'Église (en tant que manifestations
extérieures du culte) pensent, parlent et
écrivent de même manière que les libres-
penseurs. Ces hommes se persuadent et persuadent aux autres que, sans qu'il soit besoin
de réduire ses passions, on peut servir l'humanité et avoir une conduite morale.

Les hommes, après avoir rejeté les pratiques païennes, n'ont pas su s'assimiler la
véritable doctrine chrétienne; ils n'ont pas
admis la marche progressive dans le chemin
de la vertu, ils sont restés stationnaires.

IV

Dans le temps jadis, avant l'apparition du christianisme, tous les grands philosophes, en commençant par Socrate, furent d'avis que la première des vertus à acquérir était l'abstinence : ἐγκρατείς ou σπφροσύνη, et que vouloir en acquérir d'autres, sans posséder celle-là, était impossible.

Il est évident, en effet, que l'homme qui ne sait pas se maîtriser devient la proie facile de tous les vices et se trouve dans l'impossibilité de mener une vie morale. Avant de penser à la générosité, à l'amour, au désintéressement, à la justice, il faut que l'homme apprenne à se bien posséder et qu'il soit assez fort, le cas échéant, pour refréner ses appétits.

A notre point de vue, tout cela est inutile ; nous avons la conviction que l'homme peut mener une existence absolument morale, alors même qu'il se laisse aller complètement à son penchant pour le luxe et les plaisirs.

Il semblerait, quel que soit le point de vue auquel on se place — utilitaire, païen ou chrétien — que l'homme qui exploite pour son propre plaisir le travail, et souvent le travail le plus pénible d'autrui, agisse mal, et que c'est là la première habitude avec laquelle il devrait rompre, s'il vise à mener l'existence propre à l'homme de bien.

Au point de vue utilitaire, c'est une mauvaise action, car, en forçant les autres à travailler pour soi, l'homme se trouve toujours dans une situation fâcheuse : il s'habitue à satisfaire ses passions et devient leur esclave, alors que les gens qu'il emploie ne travaillent pour lui qu'avec jalousie et mécontentement, et n'attendent qu'une occasion favorable pour s'affranchir de cette nécessité.

Par conséquent, l'homme se trouve toujours exposé à rester avec des habitudes invétérées, qu'à un moment donné il peut ne plus être en mesure de satisfaire.

Au point de vue de la justice, c'est encore une mauvaise action, parce qu'il est mal de bénéficier, pour son agrément, du travail d'individus qui, par le fait même de leur condition, ne peuvent pas se donner la centième partie des jouissances qu'ils concourent à procurer à celui qui les emploie.

Au point de vue de l'amour chrétien, il semble superflu de démontrer que l'homme qui aime réellement son prochain, loin de se servir du travail d'autrui pour son plaisir, donnera plutôt sa part d'activité pour aider au bien-être des autres.

Ces exigences de l'intérêt, de la justice et de l'amour, sont absolument dédaignées dans

notre société. D'après la doctrine qui domine
le plus aujourd'hui, l'augmentation des besoins est considérée, au contraire, comme
une qualité désirable, comme un indice de
développement intellectuel, de civilisation et
de perfection.

Les hommes soi-disant instruits estiment
que ces habitudes de confort, que cette tendance à l'effémination sont un indice certain
d'une supériorité morale confinant à la vertu.
Plus il y a de besoins, plus ils sont raffinés,
et mieux cela vaut.

Rien ne vient aussi fortement à l'appui de
cette assertion que la poésie descriptive et
les romans de ce siècle et du siècle dernier.
Comment sont peints les héros et les héroïnes
qui représentent l'idéal de la vertu? — Dans
la plupart des cas, les hommes qui doivent
représenter quelque chose de noble, d'élevé,
en allant de Child-Harold aux derniers héros
de Félier, de Trolop, de Maupassant, ne sont

rien autre que des parasites qui dévorent, par leur luxe, le travail de milliers d'hommes, alors qu'eux-mêmes ne sont utiles à rien ni à personne.

Quant aux héroïnes, ce ne sont que des courtisanes qui procurent plus ou moins de plaisirs aux hommes et qui gaspillent le travail des autres au profit de leur luxe.

Je me souviens que, lorsque j'écrivais des romans, une difficulté inexplicable se présentait à moi; j'ai lutté contre elle, de même que luttent encore contre elle, aujourd'hui, les romanciers qui ont conscience de ce qu'est la beauté morale réelle; cette difficulté était de peindre le type de l'homme du grand monde idéalement beau et bon, et en même temps conforme à la réalité.

La description de l'homme et de la femme du grand monde ne sera vraie qu'autant que le personnage sera présenté dans son milieu habituel, c'est-à-dire dans le luxe et l'oisiveté.

6

Au point de vue moral, ce personnage est certainement peu sympathique, et cependant il faut le présenter de telle façon qu'il le soit. C'est ce que les romanciers cherchent à faire, et c'est ce que j'ai cherché également. Pourquoi se donner autant de peine? Les lecteurs habituels de ces romans ne sont-ils pas, au point de vue moral, à un niveau à peu près égal à celui du héros qu'on leur dépeint? N'ont-ils pas, eux aussi, les mêmes penchants et les mêmes habitudes? Pourquoi alors prendre tant de soucis pour leur rendre sympathiques des types tels que les Child-Harold, les Oneguine, les de Camors, qu'ils sont tout disposés à considérer comme de braves gens?

V

La preuve indéniable que les hommes d'aujourd'hui ne considèrent pas l'abstinence païenne et l'abnégation chrétienne comme des qualités désirables et bonnes, se trouve dans le système d'éducation donnée aux enfants : au lieu de viser à les rendre forts et courageux, on les effémine et on leur donne l'habitude de l'oisiveté.

Il y a longtemps que je voulais écrire le conte suivant :

Une femme offensée par une autre et désirant se venger d'elle lui vole son unique enfant, se rend chez le sorcier et lui demande comment elle pourra le plus complètement et le plus cruellement tirer vengeance de son ennemie par le moyen de son fils. Le sorcier lui conseille de conduire l'enfant dans un endroit qu'il lui indique, et lui promet une terrible vengeance. La méchante femme suit ce conseil, mais ne perd pas de vue l'enfant; à sa grande surprise, elle voit qu'il a été recueilli par un homme riche sans héritiers. Elle retourne chez le sorcier et l'accable de reproches; il lui répond que l'heure n'est pas encore venue et qu'il lui faut attendre. Cependant l'enfant grandit dans le luxe et l'abondance; la méchante femme est stupéfaite; mais le sorcier lui dit d'attendre encore; et, en effet, il arrive un moment où sa vengeance est tellement terrible qu'elle en vient à plaindre sa victime. L'enfant, qui a grandi dans le confort de la richesse, se ruine bientôt; et c'est alors que commence une série de privations et de souffrances physiques auxquelles il est particulièrement sensible et contre lesquelles il est impuissant. D'un côté, de nobles aspirations le portent vers une vie régulière ; de l'autre, il ressent l'impuissance de sa chair émasculée, affaiblie et gâtée par le luxe et l'oisiveté.

C'est une lutte sans espoir, une chute continuelle, chaque jour plus profonde, puis l'ivrognerie comme moyen d'oubli ; puis enfin le crime, et la folie ou le suicide pour finir. En vérité, l'éducation de quelques enfants, à notre époque, est faite pour nous terrifier. Seuls, les plus impitoyables ennemis de ces enfants pourraient prendre autant de peine pour leur inculquer l'imbécillité et les vices qu'ils doivent à leurs parents et plus spécialement à leurs mères ; et notre horreur s'accroît quand nous contemplons les résultats de cette éducation et les ravages qu'elle produit dans l'âme d'enfants, si soigneusement ruinée par leurs parents. On leur donne des habitudes efféminées ; on ne leur apprend pas à maîtriser leurs penchants. Il arrive alors que l'homme, loin d'être entraîné au travail, d'avoir l'amour de son œuvre, d'avoir conscience de ce qu'il a fait, est habitué au contraire à l'oisiveté, au mépris de tout travail productif et au gaspillage. Il perd la notion de la première vertu à acquérir avant toute autre : la sagesse ; et il entre dans la vie où l'on prêche et où l'on semble apprécier les hautes vertus de la justice, de l'amour et de la charité. Heureux encore, si le jeune homme est d'une nature faible moralement, s'il ne sait pas discerner la moralité des apparences de la moralité, s'il peut se contenter du mensonge qui est devenu la loi de la société. Si cela est ainsi, tout semble aller à souhait, et l'homme qui a le sens moral assoupi peut vivre heureux jusqu'à son dernier jour.

Mais cela n'est pas toujours ainsi, surtout en ces derniers temps, quand la conscience de l'immoralité d'une pareille existence est dans l'air et frappe malgré tout le cœur. Il

arrive de plus en plus souvent que les principes de la véritable morale se font jour, et
alors commence une pénible lutte intérieure,
une souffrance qui finit rarement à l'avantage
de la moralité.

L'homme sent que sa vie est mauvaise,
qu'il faudrait la changer de fond en comble,
et il essaye de le faire ; mais alors ceux qui
ont subi déjà la même lutte et qui y ont
succombé se jettent de toutes parts sur celui
qui tend à changer son existence, et s'effor-
cent par tous les moyens de le persuader de
l'inutilité de ses efforts, de lui prouver que la
continence et l'abnégation ne sont nullement
nécessaires pour être bon ; qu'on peut, tout
en aimant la bonne chère, le luxe, l'oisiveté
et même la luxure, être un homme absolument utile et droit. Cette lutte, généralement,
a une fin lamentable, soit que, exténué,
l'homme se soumette à l'avis général, cesse
d'écouter la voix de sa conscience, ait recours

à des subterfuges pour se justifier et continue sa vie de débauche en se persuadant qu'il la rachète, soit par sa foi en la rédemption et dans les sacrements, soit par le culte de la science, de l'art et de la patrie, ou bien qu'il lutte, souffre, devienne fou ou se suicide. Il est rare qu'au milieu de toutes les tentations qui entourent l'homme de notre société, il comprenne qu'il existe et qu'il a existé pendant des milliers d'années une vérité primitive pour tous les hommes sages; que, pour arriver à une existence morale, il faut avant tout cesser d'avoir une mauvaise conduite et que, pour atteindre quelque haute vertu, il faut avant tout acquérir la vertu de l'abstinence et de la possession de soi-même comme l'ont définie les païens, ou la vertu de l'abnégation comme le prescrit le christianisme.

———

VI

Je viens de lire les lettres de notre très érudit M. Ogarev, l'exilé, à un autre érudit, M. Herzen. Dans ces lettres, M. Ogarev exprime ses pensées intimes, ses tendances les plus élevées, et tout de suite on s'aperçoit qu'il pose un peu devant son ami. Il parle de la perfection, de la sainte amitié, de l'amour, du culte de la science, de l'humanité, etc. Et à côté, avec le même ton, il écrit qu'il irrite souvent son ami avec lequel il habite, parce que, suivant ses propres expressions, « je rentre en état d'ébriété ou que je passe de longues heures avec un être déchu, mais charmant... »

Évidemment très sympathique, de grand talent, d'une très grande érudition, cet homme ne pouvait même pas s'imaginer qu'il y avait la moindre faute dans ce fait que lui, marié, attendant à chaque moment l'accouchement de sa femme (dans la lettre suivante il annonce sa délivrance), rentre chez lui ivre, après avoir passé son temps en compagnie d'une fille de joie. Il ne lui est même pas venu à l'idée que tant qu'il n'aurait pas commencé la lutte et maîtrisé, au moins dans une faible partie, ses tendances à l'ivrognerie et à la luxure, il n'aura pas le droit de penser à l'amitié, à l'amour et surtout au culte de quoi que ce soit.

Et non seulement il ne lutte pas contre ces vices, mais il les considère comme quelque chose de charmant qui n'empêche nullement sa tendance vers la perfection; et, loin de les cacher à son ami, devant lequel il voulait se présenter sous le meilleur aspect, il en fait au contraire parade.

Ainsi se passaient les choses, il y a cin-

quante ans. J'ai connu encore ces hommes,
j'ai connu Ogarev et Herzen eux-mêmes et
les hommes de cette catégorie, éduqués
suivant les mêmes traditions. Chez tous, il y
avait une absence frappante d'esprit de
suite; il y avait chez eux un ardent désir du
bien, et, à côté de cela, ils affichaient la
licence la plus complète dans la débauche. Ils
avaient cependant la conviction que cela ne
pouvait empêcher une existence morale et
qu'ils pouvaient accomplir malgré tout de
bonnes et même de grandes actions. .

Ils mettaient dans un four non chauffé de
la pâte non pétrie et croyaient que le pain
serait cuit. Et lorsque sur leurs vieux jours
ils s'aperçurent que le pain ne cuisait pas,
c'est-à-dire que leur existence n'avait eu
aucun résultat utile, ils y virent un coup
terrible du destin.

. Cette destinée est en effet terrible. Cette
situation tragique, comme elle.était du temps

de Herzen, Ogarev et autres, se répète encore aujourd'hui pour un grand nombre d'hommes, soi-disant instruits, qui ont conservé les mêmes opinions. L'homme tend aux bonnes mœurs; mais la régularité, nécessaire à cet effet, n'existe pas dans la société actuelle. Comme Ogarev et Herzen, il y a cinquante ans, la majorité des hommes actuels est convaincue qu'une vie efféminée, une nourriture abondante et grasse, les plaisirs et la luxure, n'empêchent pas une existence morale. Mais il est probable qu'ils n'y réussissent pas, puisqu'ils sont envahis par le pessimisme et disent: « C'est là une situation tragique de l'homme. »

Ce qui surprend encore, c'est que ces hommes sachent que la distribution des plaisirs entre les hommes est inégale, qu'ils considèrent cette inégalité comme un mal, qu'ils veulent y porter remède et que, cependant, ils ne cessent pas de tendre à l'augmentation de ces plaisirs.

En agissant ainsi, ces hommes ressemblent
à des gens qui, en entrant les premiers dans
un jardin fruitier, se pressent d'y cueillir tous
les fruits à la portée de leurs mains, tout en
désirant établir une répartition plus équitable
des fruits entre eux et ceux qui les ont suivis,
et qui continuent cependant à s'emparer de
tous les fruits.

VII

L'erreur dont nous parlons est si incompréhensible que, j'en suis certain, les générations à venir ne comprendront pas ce que les hommes de notre époque entendaient par « vie morale », lorsqu'ils disaient que le glouton, l'émasculé, le débauché, l'oisif de nos classes riches avaient une vie morale.

En effet, il suffirait d'abandonner la manière ordinaire d'envisager la vie des classes riches, de la regarder — je ne dis pas en se plaçant au point de vue chétien — mais païen, au point de vue de la justice la plus élémentaire, pour se convaincre que, devant cette violation des lois les plus simples, les plus primitives de la justice, lois que les enfants mêmes n'oseraient violer dans leurs jeux, et au milieu desquelles nous, les hommes de la classe opulente, nous vivons, il ne peut être question d'une existence morale quelconque. Que de fois nous nous servons, pour justifier notre mauvaise conduite, de l'affirmation qu'un acte qui irait à l'encontre de la vie ordinaire ne serait pas naturel, n'indiquerait que le désir de poser, et, par suite, serait une mauvaise action! Cette argumentation semble être inventée pour que les hommes n'abandonnent jamais leur mauvaise conduite. Si notre vie était toujours juste, toute action conforme à cette vie serait forcément juste; et si notre vie n'est qu'à moitié bonne, il y a autant de chances pour que toute action qui n'est pas conforme à l'avis général soit bonne ou mauvaise; si enfin notre vie est mauvaise, comme celle des classes dirigeantes, il est impossible de faire une seule bonne action sans compromettre le train régulier de notre vie.

La moralité de la vie, d'après la doctrine païenne et, plus encore, d'après la doctrine chrétienne, ne peut être définie que par le rapport, dans le sens mathématique, de l'amour pour soi à l'amour pour le prochain. Moins on a d'amour pour soi-même, moins on exige de soins et de peines de la part des autres, et plus on a d'amour pour le prochain, de souci du bien d'autrui; plus on travaille pour lui, plus la vie est morale.

Ainsi entendaient et entendent la bonne vie, tous les sages de l'humanité et tous les véritables chrétiens; elle est comprise de même par tous les gens simples. Plus l'homme donne aux autres et exige moins pour lui, plus il est près de la perfection. Moins il donne aux autres et plus il exige pour lui, plus il s'éloigne de la perfection.

Si vous déplacez le centre de gravité d'un levier, en le rapprochant du bras le plus court, par ce fait, non seulement le bras long le deviendra encore davantage, mais le bras court deviendra encore plus court. De même si l'homme, ayant une certaine faculté d'aimer, a augmenté l'amour de lui-même et des soins égoïstes, il a par suite diminué la possibilité de l'amour et des soins à donner aux autres, non seulement de la quantité d'amour qu'il a accumulée sur lui, mais dans des proportions bien plus grandes. Au lieu de donner à manger aux autres, l'homme a mangé lui-même ce surplus, et par cela, non seulement il a diminué la possibilité de donner ce surplus, mais encore, s'étant gavé, il s'est mis dans l'impossibilité de penser aux autres.

Pour être capable d'aimer les autres, il faut ne pas s'aimer exclusivement. D'ordinaire, cela se passe ainsi: Nous pensons et nous nous persuadons que nous aimons les autres ; mais ce n'est qu'en paroles, non en fait. Nous oublierons de donner à manger aux autres, de les coucher : pour nous,

7.

jamais. Et voilà pourquoi, pour réellement aimer les autres, il faut apprendre à ne pas s'aimer en fait, apprendre à oublier de manger et de dormir, de même que nous le faisons à l'égard des autres.

Nous disons : « Un homme bon », et : « Il mène une conduite morale » d'un homme efféminé, habitué au luxe. Un pareil être peut avoir les meilleurs traits de caractère, mais ne peut pas avoir une conduite morale, de même qu'un couteau du meilleur travail et du meilleur acier ne peut pas couper s'il n'est aiguisé. Être bon et avoir de bonnes mœurs veut dire : donner aux autres plus qu'on n'en reçoit. L'homme habitué au luxe ne peut pas le faire, d'abord à cause de ses besoins nombreux qu'une longue habitude a consacrés, et ensuite parce qu'en consommant tout ce qu'il reçoit des autres, il s'affaiblit et se rend impropre à tout travail.

L'être humain (homme ou femme) couche

sur un lit avec un sommier, deux matelas,
deux draps bien blancs, des taies d'oreiller,
des oreillers en duvet; près du lit, il y a une
carpette pour protéger ses pieds contre le
froid, bien qu'il ait des pantoufles; près de
lui encore, les accessoires nécessaires pour
qu'il n'ait pas besoin d'aller plus loin; il peut
satisfaire, sans se déranger, tous ses besoins :
ce n'est rien, on l'emportera... Les fenêtres
sont protégées par des rideaux pour que la
lumière ne l'empêche pas de dormir, et il
dort jusqu'à satiété. Toutes les mesures sont
prises pour que l'hiver il ait chaud, l'été,
frais; pour qu'il ne soit pas troublé par le
bruit, les mouches et autres insectes; il dort,
et à son réveil il trouvera de l'eau chaude et
froide pour les besoins de sa toilette; parfois
pour le bain, parfois pour se raser. On prépare le thé ou le café, boissons excitantes qu'on
boit aussitôt levé; les bottes, les bottines, les
caoutchoucs (plusieurs paires) qu'il a salis la

veille sont déjà nettoyés et luisent comme du
verre, sans qu'on y trouve un grain de poussière. On nettoie aussi les vêtements portés la
veille et qui sont propres, non seulement à
l'hiver et à l'été, mais encore au printemps,
à l'automne, aux temps pluvieux, chauds,
humides, etc. — On prépare du linge fraîche-
ment lavé, empesé, repassé, avec des petits
boutons, des boutonnières qui sont passées
en revue par des gens préposés spécialement
à ce soin. Si l'homme est actif, il se lève de
bonne heure, c'est-à-dire à sept heures du
matin, mais tout de même deux ou trois
heures après ceux qui ont dû préparer tout
cela pour lui. En outre des préparatifs des
vêtements pour la journée et des couvertures
pour la nuit, il y a encore le vêtement et les
chaussures de petit lever : robe de chambre,
pantoufles, et enfin on va se débarbouiller,
se nettoyer, se peigner et, à cet effet, on
emploie plusieurs sortes de brosses, de

savons et une grande quantité d'eau (beaucoup d'Anglais et les femmes surtout sont
fiers, je ne sais pourquoi, d'employer beaucoup de savon et d'user beaucoup d'eau).
Ensuite, l'homme s'habille, se peigne devant
une glace spéciale, en outre de celles qui
sont suspendues dans presque toutes les
chambres.

Il prend les choses qui lui sont nécesaires :
des lunettes, un lorgnon, et met tout cela
dans sa poche : un mouchoir propre pour se
moucher, une montre avec la chaine, quoique
partout où il se trouvera il y ait une pen-
dule; il se munit d'argent de tout genre :
menue monnaie (souvent dans un petit appa-
reil spécial qui dispense de la peine de chercher ce qu'il faut), et de billets de banque,
des cartes sur lesquelles est imprimé son nom,
ce qui dispense de la peine de l'écrire, un
carnet, un crayon, etc.

Pour la femme, la toilette est encore plus

compliquée : le corset, la coiffure, des bijoux, des petits rubans, des petits cordons, des épingles à cheveux et ordinaires, des broches, etc.

Mais voilà que tout est fini, et la journée commence d'ordinaire par le manger : on prend le café, ou le thé, avec une grande quantité de sucre, on mange des petits pains, du pain de première qualité, avec du beurre et parfois du jambon. Les hommes, pour la plupart, fument des cigarettes ou des cigares, puis lisent leur journal tout frais apporté ; puis après avoir sali la chambre, on laisse aux autres le soin de la nettoyer ; on s'en va au bureau ou à ses affaires, on se promène en voiture ; puis on déjeune généralement d'animaux tués, d'oiseaux, de poissons ; puis le dîner, aussi substantiel : deux ou trois plats pour les plus réservés, les desserts, le café ; enfin les cartes, la musique, le théâtre, la lecture ou la conversation dans de moelleux fauteuils, à la lumière vive ou atténuée de la bougie, du gaz ou de l'électricité ; encore le thé, encore le manger, le souper, et de nouveau le lit, préparé, bassiné, avec du linge propre, le vase de nuit nettoyé. Telle est la journée de l'homme d'une vie rangée, dont on dit, s'il est d'un caractère doux : il n'a pas des habitudes désagréables ; c'est un homme qui est de bonnes mœurs.

Mais la vie morale est celle de l'homme qui fait du bien à son prochain ; et comment un homme habitué à une pareille existence peut-il faire du bien ? Avant de faire le bien, il doit cesser de faire le mal, et cependant comptez tout le mal qu'il fait aux hommes, parfois sans s'en apercevoir, et vous verrez qu'il est encore loin de toucher au but.

Il serait plus sain pour lui, physiquement et moralement, d'être couché par terre sur un manteau, à l'exemple de Marc-Aurèle. Que de travail et de peine il éviterait ainsi à tous ceux

qui l'entourent! Il pourrait se coucher plus
tôt et se lever plus tôt; par ce moyen, on
n'aurait plus à s'occuper ni de l'éclairage pour
le soir, ni des rideaux pour le matin. Il pourrait dormir dans la même chemise qu'il avait
le jour, marcher pieds nus sur le parquet et
dans la cour, se débarbouiller avec l'eau du
puits, vivre, en un mot, comme vivent tous
ceux qui font tout cela pour lui. Il sait cependant quelles peines occasionnent tous ces
travaux. Et, alors, comment un homme pareil
pourrait-il faire du bien sans abandonner sa
vie de luxe?

Je ne puis pas me dispenser de répéter
toujours la même chose, malgré le silence
froid et hostile que rencontrent ces paroles.

Un homme moral qui jouit de toutes les
commodités, du confort, ou même l'homme
de la classe moyenne — je ne parle pas de
ceux du grand monde qui dépensent pour
leurs caprices des centaines de journées de

travail par vingt-quatre heures — ne peut pas
vivre tranquille sachant que tout ce dont il
jouit est le fruit du travail des générations
ouvrières, écrasées sous le poids de l'existence
sans éclaircie, mourant ignorants, ivrognes,
débauchés, à demi sauvages, dans les mines,
dans les fabriques, les usines, à la charrue,
en produisant les objets qui servent à l'homme
de condition supérieure. Moi, qui écris cela,
et vous, qui me lirez, qui que vous soyez,
vous, comme moi, nous avons une nourriture
suffisante, souvent abondante, riche, l'air
pur, les vêtements d'hiver et d'été, toute
sorte de distractions, et surtout le loisir le
jour et le repos complet la nuit ; et à côté de
nous vit le peuple travailleur qui n'a ni nourriture, ni logement sain, ni vêtements suffi-
sants, ni distractions ; et surtout, non seulement aucun loisir, mais souvent encore aucun
repos : des vieillards, des enfants, des femmes
exténués par le travail, par des nuits passées

8

sans sommeil, par les maladies, sont pendant leur vie tout entière à travailler pour nous, à produire ce même objet de confort, de luxe, qu'ils ne possèdent pas, eux, et qui ne sont pour nous qu'un superflu et non une nécessité.

C'est pourquoi un homme de bien, je ne dis pas un chrétien, mais un ami de l'humanité ou même simplement de la justice, ne peut pas ne pas désirer changer sa vie et cesser de se servir des objets de luxe produits par des ouvriers dans de telles conditions.

Si l'homme a réellement pitié de ceux de ses semblables qui produisent le tabac, la première chose pour lui sera de cesser de fumer, car en persistant il encourage la production du tabac et compromet sa santé.

On peut en dire autant de tous les objets de luxe. Si l'homme ne peut pas se passer de pain, malgré le pénible travail que cela lui coûte, c'est parce que, tant que les conditions de travail n'auront pas changé, il ne peut pas le conquérir sans grand'peine. Mais quand il s'agit de choses inutiles et superflues, on ne peut faire autrement, si on a pitié du prochain qui produit ces objets, que de s'en déshabituer.

Mais les hommes de notre temps ne pensent pas ainsi ; ils trouvent toute sorte d'arguments, sauf celui qui se présente tout naturellement à tout homme simple. D'après eux, il est absolument inutile de se refuser le luxe ; on peut très bien compatir à l'état des ouvriers, prononcer des discours, écrire des ouvrages en leur faveur, et en même temps continuer à profiter du travail que nous considérons comme nuisible pour eux.

Il y a des gens qui disent qu'on peut se servir du travail meurtrier des ouvriers, parce que, s'ils n'en profitent pas, d'autres en profiteront. Cela rappelle cet argument qu'il faut boire le vin même nuisible, justement parce qu'il est nuisible, et que, si on ne le boit pas, d'autres le boiront.

D'autres disent que la jouissance du luxe produit par les ouvriers est même très utile pour ceux-ci, parce que nous leur donnons ainsi de l'argent, c'est-à-dire la possibilité d'exister; comme si on ne pouvait pas leur procurer cette possibilité par rien autre que par la production des objets nuisibles pour eux et inutiles pour nous.

Enfin, d'après un troisième avis, le plus répandu, toute œuvre dont l'homme s'occupe : fonctionnaire, prêtre, cultivateur, fabricant, commerçant, est, en vertu de la division du travail, si utile, qu'elle rachète toutes les peine des ouvriers dont profitent ces soi-disant économistes.

L'un est au service de l'État, l'autre de l'Église, le troisième de la science, le quatrième de l'art, le cinquième à celui qui sert l'État, l'Église et l'art, et tous sont fermement convaincus que ce qu'ils donnent aux hommes rachète complètement ce qu'ils leur prennent.

Et cependant, si on écoute l'opinion de ces gens sur leurs vertus réciproques, on voit que chacun d'eux est loin de valoir ce qu'il consomme. Les fonctionnaires disent que les peines des propriétaires ne sont nullement en rapport avec ce qu'ils dépensent ; les propriétaires disent la même chose du négociant ; le négociant du fonctionnaire, etc. ; mais cela ne les déconcerte pas, et ils continuent à persuader aux autres que chacun d'eux profite du travail d'autrui juste autant qu'ils donnent eux-mêmes. Il s'ensuit que ce n'est pas d'après le travail qu'on détermine les salaires, mais d'après les salaires qu'on mesure le soi-disant travail. Voilà ce qu'ils prétendent, mais au fond ils savent très bien que ces justifications ne sont nullement probantes, qu'ils ne sont nullement utiles aux ouvriers et qu'ils se servent du travail de ces derniers, non pas d'après le principe de la division du travail, mais simplement parce qu'ils ne peuvent pas agir autrement, et sont en même temps si pervertis qu'ils ne peuvent pas s'en passer.

Tous cela provient de ce que les hommes croient qu'on peut mener une existence morale sans avoir acquis progressivement les facultés nécessaires à cette existence.

Cette première faculté est l'abstinence.

VIII

Sans l'abstinence, il n'est pas de vie morale possible. Pour atteindre cette vie, on doit posséder cette vertu.

Si, dans la doctrine chrétienne, l'abstinence est comprise dans la notion de l'abnégation, néanmoins la progression reste la même, et aucune vertu chrétienne n'est possible sans l'abstinence.

Mais cette vertu elle-même n'est jamais atteinte du premier coup; il faut une progression.

L'abstinence est l'affranchissement de l'homme de la lubricité et sa soumission à la sagesse; l'homme a de nombreuses passions, et pour qu'il lutte contre elles avec avantage, il doit commencer par les fondamentales,

celles qui en engendrent d'autres plus compliquées, et non pas commencer par ces dernières, qui ne sont que la conséquence des
premières.

Il y a des passions compliquées, comme
celles des falbalas, du jeu, des plaisirs, du
bavardage, de la curiosité, et il y en a d'autres
fondamentales : la gloutonnerie, l'oisiveté, la
luxure.

Dans la lutte contre les passions, il ne faut
pas commencer par la fin, c'est-à-dire contre
les passions compliquées; il faut commencer
par celles qui sont la source des autres, et
encore dans une gradation définie par la
nature même de ces passions et par la tradi-
tion de la sagesse.

L'homme gourmand est incapable de lutter
contre la paresse, et celui qui est oisif et
gourmand à la fois n'aura jamais la force de
lutter contre la passion de la femme. C'est
pourquoi, d'après toutes les doctrines, la ten-

dance vers l'abstinence commence par la lutte contre la gourmandise, commence par le jeûne.

Dans notre société, la première vertu, 'abstinence, est absolument oubliée, de même qu'est méconnue la progression nécessaire pour acquérir cette vertu; le jeûne est absolument abandonné; on le considère comme une superstition stupide, absolument inutile. ·

Et cependant, de même que la première condition d'une vie morale est l'abstinence, la première condition de l'abstinence est le jeûne.

On peut désirer être bon, rêver de faire le bien sans jeûner; mais, en réalité, c'est aussi impossible que de marcher sans être debout.

La gourmandise, au contraire, est le premier indice d'une vie débauchée et, malheureusement, cet indice est spécial, au plus haut degré, à la majorité des hommes de notre temps.

Regardez les visages et le corps des hommes de notre société et de notre époque : tous ces visages, avec des mentons et des joues pendants, les membres trop gras et l'abdomen proéminent, vous parlent éloquemment d'une vie pleine de débauche. Et comment pourraient-ils être autrement? Demandez-vous quel est le mobile principal de leur vie? Et si étrange que cela puisse nous paraître, à nous qui sommes habitués à cacher nos véritables intérêts, et qui, si volontiers, employons l'artifice, le principal mobile de la majorité des hommes de notre société et de notre époque est la satisfaction du palais, la satisfaction de manger, la voracité. En commençant par les plus pauvres jusqu'aux plus riches, la voracité, je pense, est le but principal, le plaisir primordial de notre vie. Le peuple travailleur ne constitue l'exception que dans la mesure où le besoin l'empêche de s'adonner à cette passion. Aussitôt qu'il a le temps et les moyens, à l'exemple des hautes classes, il se procure les mets les plus agréables, et il mange et boit autant qu'il peut.

Plus il peut manger, plus il se croit non seulement heureux, mais fort, mais bien portant. Et les hautes classes le confirment dans cette conviction, puisqu'elles envisagent ainsi la nourriture.

Voyez la vie de ces riches; écoutez leurs conversations. Quels sujets élevés les intéressent! Et la philosophie, et la science, et l'art et la poésie, et la question de la distribution de la richesse, et le bien-être du peuple, et l'éducation de la jeunesse. Mais, en réalité, tout cela n'est que mensonge pour la majorité. Cela les occupe en passant, entre leurs véritables occupations et les repas, quand l'estomac est encore plein et qu'on ne peut pas manger encore. L'unique, le véritable intérèt et des hommes et des femmes, c'est le manger, surtout après la première jeunesse. Comment manger ? Que manger? Quand? Où?

Pas une solennité, pas une joie, pas une inauguration ne se passe sans banquet.

Voyez les voyageurs. On remarque cela encore mieux chez eux. » Les musées, les bibliothèques, le parlement, comme c'est intéressant ! Et où mangerons-nous ? Où mange-t-on le mieux? » Et regardez les hommes quand ils se réunissent pour un dîner, parés, parfumés autour d'une table ornée de fleurs; avec quelle joie ils se frottent les mains et sourient!

Si on regardait au fond de l'âme pour savoir ce que désire la majorité des hommes, on verrait que c'est l'appétit. En quoi consiste la punition la plus cruelle dès l'enfance? Être condamné au pain et à l'eau! Quel est le domestique le mieux rétribué? — le cuisinier!

Quel est le principal souci de la maîtresse de la maison? Sur quel sujet roule, dans la plupart des cas, la conversation entre ménagères de la classe moyenne? Et si la conversation du grand monde ne roule pas sur ce sujet, ce n'est pas parce qu'ils sont plus instruits ou occupés d'intérêts plus élevés, mais simplement parce qu'ils ont un intendant dont c'est l'occupation exclusive. Mais essayez de les priver de cette commodité et vous verrez à quoi vont leurs soucis. Tout converge vers la question : nourriture ; sur le prix de la bécasse, sur le meilleur moyen de faire le café, des gâteaux sucrés, etc. Quelle que soit l'occasion pour laquelle les hommes se réunissent : soit le baptême, le mariage, l'enterrement, la consécration d'une église, la conduite faite au voyageur, la rencontre, la présentation du drapeau, la fête anniversaire, comme la mort ou la naissance d'un grand savant, d'un penseur, d'un moraliste, on

9

dirait que les intérêts les plus élevés leur
tiennent au cœur alors que tout, au contraire,
n'est qu'un prétexte ; tout le monde sait qu'on
mangera bien, qu'on boira, et que c'est cela
qui les a réunis.

Déjà plusieurs jours avant cette fête on
tue, on égorge des animaux, on apporte des
paniers de comestibles, et les cuisiniers, les
aides de cuisine, les marmitons, les garçons
de cuisine, vêtus tout de blanc, « travaillent ».
Des chefs qui reçoivent 500 roubles par mois
et, plus encore, donnent des ordres ; les cuisiniers hachent, pétrissent, lavent, disposent,
ornent. Les maîtres d'hôtel, solennels, cal-
culent et examinent tout en véritables artistes.
Le jardinier dispose ses fleurs ; les laveuses de
vaisselle... toute une armée de gens travaille ; on dépense le produit de milliers de
journées de labeur, et tout cela pour célébrer
la mémoire d'un grand homme ou d'un ami
défunt ou fêter l'union de deux jeunes gens.

Dans les classes moyennes ou inférieures, c'est la même chose. La gourmandise se substitue tellement au véritable objet de la réunion qu'en grec et en français, c'est le même mot « noce » qui sert à désigner et le mariage et la fête. Mais au moins, dans le monde ouvrier, on ne cherche pas à dissimuler ce sentiment. Chez les riches, au contraire, on affecte de ne considérer ces agapes que comme une satisfaction donnée à l'usage et aux convenances. Manger est pour eux une corvée ; mais qu'on essaye de leur donner au lieu de plats recherchés quelque chose de plus simple, du bouilli, par exemple, vous verrez quelle tempête cela provoquera ; c'est qu'en réalité ce qui prime tout chez eux, c'est la gloutonnerie.

La satisfaction du besoin a des limites, mais le plaisir n'en a pas. Pour satisfaire son estomac, il suffit de manger le pain, le gruau ou le riz ; tandis que, pour le plaisir, il n'y a pas de limites aux sauces et autres ingrédients.

Le pain est une nourriture nécessaire et suffisante ; et la preuve, c'est que des millions d'hommes forts, légers, bien portants, travaillant beaucoup, ne vivent que de pain. Il vaut mieux manger le pain avec un autre aliment. Il vaut encore mieux tremper le pain dans un bouillon de viande ; il vaut encore mieux mettre dans ce bouillon des légumes de diverses sortes ; il est bon aussi de manger la viande et, la viande, non pas en bouilli, mais cuite à point avec du beurre et de la moutarde, et arroser tout cela de vin rouge. On n'a plus faim : mais on peut encore manger du poisson avec de la sauce, et arroser cela de vin blanc. Il semble qu'on ne peut plus manger ni du gras ni des choses préparées, mais on peut manger des desserts : l'été, la glace ; l'hiver, la compote, la confiture, etc. Voilà un dîner modeste. Le plaisir de ce dîner peut être encore augmenté beaucoup, et on ne s'en prive pas : des hors-d'œuvre qui excitent l'appétit, des entremets, toute sorte de combinaisons de mets agréables et, pour le plaisir des yeux et des oreilles, des fleurs, des ornements, de la musique.

Et, chose singulière, les hommes qui dînent ainsi tous les jours, devant le dîner desquels le festin de Balthazar, qui a provoqué une menace divine, n'est rien, sont naïvement persuadés qu'ils peuvent, malgré cela, mener une vie morale.

9.

IX

Le jeûne est la condition nécessaire d'une vie morale ; mais dans le jeûne, comme dans l'abstinence, on se demande par quoi commencer. Comment jeûner ? Que faut-il manger ? Quel intervalle mettre entre les repas ? Et de même qu'on ne peut pas sérieusement s'occuper d'un travail sans méthode, de même on ne peut pas jeûner sans savoir par où commencer l'abstinence. Cette pensée de jeûner avec méthode semble ridicule, stupide à la majorité.

Je me souviens avec quelle fierté me disait un évangéliste, opposé à l'ascétisme monastique : « Notre christianisme n'est pas dans le jeûne et les privations, mais dans le

bifteck ; généralement le christianisme et la
vertu vont avec le bifteck. »

Pendant les ténèbres prolongées, en l'absence de tout guide païen ou chrétien, il a
pénétré dans notre vie tant de notions sauvages, immorales, surtout dans le domaine
inférieur du premier pas vers la vie morale
— dans la question de nourriture qui n'a attiré
l'attention de personne — qu'il nous est
même difficile de comprendre l'insolence et
la folie de l'affirmation, à notre époque, du
bon accord du christianisme et de la vertu
avec le bifteck.

Nous n'avons pas l'horreur de cette affirmation, parce que nous regardons sans voir,
nous écoutons sans entendre. Il n'y a pas
d'odeurs, aussi infectes qu'elles soient, auxquelles l'homme ne se soit habitué. Il n'y a
pas de bruit auquel son ouïe ne se soit faite,
de vilenies qu'il n'ait appris à regarder avec
indifférence. De sorte qu'il ne remarque plus

ce qui frappe un homme non habitué encore à toutes ces choses. Il en est de même dans le domaine moral.

J'ai visité dernièrement, dans notre ville de Toula, les abattoirs. Ils sont construits d'après un modèle nouveau, perfectionné comme dans toutes les grandes villes, de façon à ce que les animaux abattus souffrent le moins possible.

Il y a longtemps déjà, en lisant l'excellent livre *Ethics of Diet*, j'éprouvais le désir de visiter les abattoirs pour m'assurer *de visu* de l'essence même de la question dont on parle quand il s'agit du végétarisme ; mais j'éprouvais toujours une gêne pareille à celle que l'on éprouve lorsqu'on sait voir une souffrance qui se produira certainement, mais qu'il est impossible d'empêcher ; et je remettais ma visite à plus tard.

Mais, tout récemment, je rencontrai sur la route un boucher, qui se rendait à Toula. C'était encore un ouvrier peu habile, et sa fonction consistait à donner le coup de poignard. Je lui demandai s'il n'avait pas pitié de la bête qu'il allait frapper.

— Pourquoi avoir pitié? il le faut bien, me répondit-il.

Mais, lorsque je lui dis qu'il n'est nullement nécessaire de manger de la viande, que ce n'est qu'une nourriture de luxe, il convint qu'en effet c'était regrettable.

— Mais que faire? Il faut bien gagner sa vie. Avant je *craignais* de tuer; mon père, lui, n'a pas égorgé une poule de sa vie.

En effet, la majorité des Russes répugnent à tuer, ils ont pitié, et expriment ce sentiment par le mot « craindre ». Il *craignait*, lui aussi; mais il a cessé; il m'expliqua que la plus grande besogne tombe le vendredi et se continue jusqu'au soir.

J'ai eu récemment une conversation avec un soldat boucher, et lui aussi fut étonné de ma remarque que c'est pitié de tuer. Lui

aussi répondit que c'est une habitude nécessaire ; mais finalement il convint que c'est
pitié, en ajoutant :

— Surtout lorsque la bête est résignée,
apprivoisée, comme elle marche, la pauvre,
toute de confiance ; c'est grand'pitié !

C'est horrible ! Horribles sont, non pas les
souffrances et la mort des animaux, mais le
fait que l'homme, sans aucune nécessité, fait
taire en lui son sentiment élevé de sympathie
et de compassion à l'égard d'êtres vivants
comme lui et devient cruel en se faisant violence. Et combien est profonde dans le cœur
de l'homme la défense de tuer l'être vivant !

Un jour que nous revenions de Moscou,
des charretiers, qui allaient dans la forêt à la
recherche des bois, nous prirent sur la route.
C'était le Jeudi-Saint : j'étais assis sur le
devant de la charrette à côté du charretier,
fort, sanguin, grossier ; évidemment, un
paysan porté à l'ivrognerie. En entrant dans

un village, nous aperçûmes un cochon, engraissé, tout rose, qu'on sortait d'une maison pour l'abattre : il criait d'une voix désespérée qui ressemblait à un cri humain ; juste au moment où nous passions devant, on commençait à le saigner. Un homme lui passa le couteau sur la gorge : le cri du cochon devint plus fort et plus aigu ; l'animal s'échappa tout ruisselant de sang. Je suis myope et je n'ai pas vu tout le détail : j'aperçus seulement un corps rose comme celui d'un homme, et j'entendis les cris désespérés. Le charretier, lui, voyait tout et regardait sans détourner ses regards. Le cochon fut rattrapé, renversé et achevé. Quand ses cris eurent cessé, le charretier poussa un profond soupir :

— Il n'y a donc pas de bon Dieu? dit-il.

Ce cri montre bien le dégoût profond qu'inspire à l'homme la tuerie. Mais l'exemple, l'encouragement de la voracité chez l'homme, l'affirmation que cela est admis par Dieu et surtout l'habitude conduisent les hommes à la perte complète de ce sentiment naturel.

C'était un vendredi. Je me rendis à Toula et, ayant rencontré un homme bon et sensible de mes amis, je le priai de m'accompagner.

— Oui, j'ai entendu dire que c'est très bien organisé, et j'aurais voulu voir, mais si on abat en ce moment, je n'irai pas.

— Et pourquoi? c'est précisément cela que je veux voir; si on mange de la viande, il faut voir aussi comment on l'abat.

— Non, non, je ne puis pas.

Et il est à remarquer que cet homme est chasseur et qu'il tue lui-même.

Nous arrivons. A l'entrée, on sentait déjà une odeur pénible, répugnante de putréfaction, comme celle de la colle forte d'ébéniste.

Plus nous avançons, plus cette odeur devient forte. Le bâtiment est en briques rouges, très grand, avec des voûtes et de hautes cheminées. Nous entrons par la porte cochère. A droite, une grande cour entourée d'une haie, environ un quart d'hectare ; c'est la place où deux jours par semaine on entasse le bétail vendu. A l'extrémité de cette cour se trouve la cabane du concierge. A gauche se trouvent deux hangars avec portes à ogives ; le parquet est en asphalte formant dos d'âne, et des appareils spéciaux sont installés pour suspendre l'animal tué.

Auprès de la cabane à droite étaient assis sur un banc six bouchers en tabliers maculés de sang, les manches également sanguino-lentes retroussées sur leurs bras musclés. Leur travail est terminé depuis une demi-heure, de sorte que nous n'avons pu voir ce jour-là que le hangar vide. Malgré les portes ouvertes des deux côtés, on était pris à la gorge par une odeur fade de sang chaud ; le parquet était tout brun, luisant, et dans les

caniveaux du parquet, du sang caillé restait.

Un des bouchers nous expliqua comment
on abat et nous montra l'endroit où cette
opération avait eu lieu. Je ne l'ai pas bien
compris et je me suis fait une idée fausse,
mais terrible de l'abatage; je pensais, comme
cela arrive souvent, que la réalité produirait
sur moi une moins grande impression que
celle de mon imagination, mais c'était une
erreur.

La fois suivante, je suis arrivé aux abattoirs à temps; c'était le vendredi avant la
Pentecôte, par une chaude journée de juin;
l'odeur de colle forte, de sang, était encore
plus accentuée qu'à ma première visite, le
travail battait son plein; le petit parc pou-
dreux était rempli de bestiaux, et d'autres
animaux se trouvaient également dans les
hangars voisins de la salle d'abatage.

Dans la rue stationnaient des charrettes

auxquelles des bœufs, des veaux, des vaches étaient attachés.

Des voitures attelées de bons chevaux, dans lesquelles étaient empilés des veaux vivants, la tête renversée, s'approchaient et étaient déchargées. D'autres voitures avec des bœufs abattus, les jambes faisant saillie et suivant le cahot de la voiture, avec leurs têtes inertes, les poumons rouges et le foie brun, sortaient de l'abattoir. Contre la haie se trouvaient les chevaux de selle appartenant aux marchands de bestiaux. Ces marchands, dans leurs redingotes longues, le fouet à la main, allaient et venaient dans la cour ou bien marquaient au goudron les bêtes qui leur appartenaient; ils débattaient les prix et sur-veillaient le transport des bestiaux du parc dans le hangar et du hangar dans la salle d'abatage.

Tout ce monde était visiblement absorbé par les questions d'argent, et la pensée de savoir s'il est bon ou mauvais de tuer ces animaux était aussi loin d'eux que celle de la composition chimique du sang qui coulait sur le sol.

On n'apercevait aucun boucher dans la cour; ils étaient tous au travail. Ce jour-là cent bœufs environ furent abattus.

J'entrai dans la salle d'abatage et je m'arrêtai près de la porte; je m'y arrêtai d'abord, parce qu'à l'intérieur on était très à l'étroit, à cause des animaux qu'on déplaçait et aussi parce que le sang gouttait d'en haut, éclaboussant tous les bouchers qui s'y trouvaient. Si j'étais entré, j'en eusse été couvert aussi.

Il y avait une bête qu'on décrochait, une autre qu'on glissait sur le rail, une troisième, un bœuf abattu, était couchée, les jambes blanches en l'air, et le boucher enlevait sa peau. Par la porte opposée à celle où je me trouvais, on faisait passer en même temps un grand bœuf rouge et gras; deux hommes le traînaient. Il avait à peine franchi la porte, qu'un des bouchers, armé d'une hache à long manche, le frappa au-dessus du cou. Comme si ses quatre pieds eussent été coupés en même temps, le bœuf tomba lourdement sur le ventre, puis, tout de suite, se retourna sur le côté et se mit à remuer convulsivement les jambes et les reins. Alors, un boucher se précipita sur lui, en se garant des jambes, le saisit par les cornes, et abaissa de force sa tête vers le sol, pendant qu'un autre boucher lui coupait la gorge; et, de la blessure béante, le sang, d'un rouge noir, jaillissait en fontaine, recueilli dans un bassin de métal par un enfant tout éclaboussé de sang. Pendant tout ce temps, le bœuf n'avait pas cessé de tourner et de secouer sa tête, et d'agiter convulsivement ses jambes en l'air. Cependant, le bassin s'emplissait rapidement, mais le bœuf était encore vivant, il continuait de battre l'air avec ses pieds, si bien que les

bouchers avaient soin de se tenir à l'écart.
Aussitôt que le bassin de métal fut rempli, le
jeune garçon le mit sur sa tête et l'emporta
à la fabrique d'albumine, pendant qu'un autre
enfant apportait un autre bassin qui com-
mença de s'emplir à son tour; mais le bœuf
continuait à ruer désespérément. Dès que le
sang cessa de couler, le boucher souleva la
tête du bœuf et se mit à le dépouiller de sa
peau; l'animal se débattait toujours. La tête
était mise à nu, devenue rouge avec des
veines blanches, et prenait la position que lui
donnaient les bouchers. La peau pendait des
deux côtés, le bœuf ne cessait de se débattre.
Un autre boucher saisit alors le bœuf par la
jambe, la cassa et la lui trancha : sur le
ventre et sur les autres jambes couraient
encore des convulsions; puis on lui coupa les
membres restants et on les jeta dans le tas où
étaient les jambes des autres bœufs du même
propriétaire. Puis on traîna l'animal abattu

vers la poulie et on le pendit. Alors seulement, la bête ne donna plus signe de vie.

C'est ainsi que je regardai de la porte et que je vis abattre un deuxième, un troisième et un quatrième bœuf. Pour tous on procéda de même; de même, la tête ôtée avec la langue pincée par les dents et le derrière tressaillant; la différence ne consistait qu'en ce que l'abatteur ne frappait pas juste dès la première fois à l'endroit qui faisait tomber l'animal; il arrivait que le boucher manquait le coup : le bœuf se cabrait, mugissait et, inondé de sang, cherchait à s'arracher des mains du boucher. Alors on l'entraînait sous la poutre d'équarrissage, on frappait une seconde fois et il tombait.

Je fis le tour et je m'approchai de la porte opposée par laquelle entraient les animaux; ici, je vis répéter la même chose, seulement de plus près et par suite plus nettement. J'y ai vu surtout ce que je n'ai pas pu voir de l'autre porte : le moyen par lequel on forçait les animaux à rentrer. Chaque fois qu'on prenait un bœuf dans le hangar et qu'on le traînait à l'aide d'une corde attachée aux cornes, le bœuf, sentant le sang, s'arc-boutait parfois, mugissait et reculait; deux hommes n'auraient pas pu le traîner par la force; c'est pourquoi, chaque fois, l'un des bouchers s'approchait, prenait le bœuf par la queue et la tournait en lui cassant le cartilage; l'animal avançait.

Lorsqu'on eut fini l'abatage des bœufs d'un propriétaire, on recommença la même opération pour un autre.

Le premier animal de cette nouvelle bande était un taureau, beau, robuste, noir avec des taches blanches et les jambes complètement blanches, un animal jeune, musclé, énergique. On tira la corde, il baissa la tête et s'arrêta avec décision; mais le boucher qui marchait derrière, comme un mécanicien qui

se saisit du manche du soufflet, saisit la
queue, la tourna, le cartilage craqua et le
taureau se jeta en avant, jetant par terre les
gens qui le tenaient par la corde, et s'arrêta
de nouveau regardant de côté, de son œil noir
plein de feu; mais de nouveau la queue
craqua; le taureau se jeta en avant et se
trouva, cette fois-là, où il fallait; l'abatteur
s'approcha, ajusta et frappa; le coup mal
porté, le taureau bondit, agita fortement la
tête, mugit, et tout en sang, s'arracha et se
jeta en arrière. Tous ceux qui se trouvaient
à la porte s'écartèrent vivement; mais les
bouchers habitués, avec leur bravoure acquise
par le danger, saisirent vivement la corde,
puis firent de nouveau marcher la queue, et
de nouveau, le taureau se trouva dans la salle
où on le traîna la tête sous la poutre d'équarrissage; il ne lui fut plus possible de s'échapper. L'abatteur ajusta rapidement l'endroit
où les poils se séparent en rayons d'étoile et,

malgré le sang, le trouva, frappa, et la jolie
bête pleine de vie s'abattit en se débattant de
la tête, des jambes, pendant qu'on le saignait
et qu'on lui enlevait la peau.

— Ah! c'est le diable pour tomber; il n'est
même pas tombé où il fallait, — grognait le
boucher en coupant la peau de la tête.

Cinq minutes après, la tête noire était
rouge, sans peau, les yeux vitreux, ces
mêmes yeux qui brillaient d'une si belle couleur il y avait cinq minutes à peine.

Puis je me rendis à l'endroit où on abat le
petit bétail; c'était une très grande pièce avec
le sol en asphalte et des tables avec dossiers
sur lesquelles on égorge les moutons et les
veaux. Le travail était achevé ici dans la
longue pièce tout imprégnée d'odeur de sang;
seuls, deux bouchers s'y trouvaient. L'un
soufflait dans la jambe d'un mouton tué et
frottait de sa main le ventre gonflé de l'animal; l'autre, un jeune gars en tablier maculé

de sang, fumait une cigarette. Je fus suivi
d'un homme qui paraissait un soldat en
retraite et qui apportait un petit mouton d'un
jour, noir, avec une marque au cou, les
jambes nouées, et le plaça sur une table
comme sur un lit. Le soldat qui, visiblement,
était familier de l'endroit, souhaita le bonjour
et lia conversation au sujet d'un congé à
demander au patron. Le jeune garçon à la
cigarette s'approcha, le couteau à la main,
l'affûta sur le bout de la table et répondit
qu'on avait congé les jours de fête. Le mouton vivant restait aussi immobile que le mort
gonflé, avec cette différence qu'il agitait vivement sa courte queue et que ses flancs se
soulevaient plus rapidement que d'ordinaire.
Le soldat, sans effort, appuya la tête du
jeune animal contre la table. Le jeune boucher, tout en continuant à parler, prit de sa
main gauche la tête du mouton et lui trancha
la gorge.

Le mouton s'agita, sa petite queue devint raide et cessa de remuer. Le boucher, pendant que le sang sortait, ralluma de nouveau sa cigarette. Le sang coula et le mouton s'agita de nouveau ; la conversation continuait, sans s'interrompre un instant.

Et les poules, de jeunes poulets qui, par milliers, chaque jour dans les cuisines, les têtes coupées, inondés de sang, sursautent, battent des ailes avec un comique terrible !

Et cependant la dame au cœur sensible mange ce cadavre de volatile avec une complète assurance de son droit en affirmant deux opinions qui se contredisent : la première, qu'elle est si délicate, comme l'assure le docteur, qu'elle ne pourrait pas supporter une nourriture exclusivement végétale, et qu'il faut à son faible organisme de la viande ; la seconde, qu'elle est si sensible, qu'il lui est impossible non seulement à elle-même de causer des souffrances à des animaux, mais qu'elle ne supporte même pas la vue de ces souffrances.

En réalité, cette pauvre dame est faible, précisément parce qu'on l'a habituée à se nourrir d'aliments contraires à la nature humaine; et elle ne peut pas ne pas causer de souffrance aux animaux, par ce simple fait qu'elle les mange.

X

On ne peut pas feindre de ne pas le savoir,
nous ne sommes pas des autruches; nous ne
pouvons pas croire que si nous ne regardons
pas, il n'arrivera pas ce que nous ne voulons
pas voir. C'est encore plus impossible que
de ne pas vouloir voir ce que nous mangeons.

Et encore, si c'était nécessaire, ou tout au
moins utile; mais non, à rien[1]. Cela ne sert

---

1. Que ceux qui en doutent lisent les livres nombreux
composés par des savants et des médecins sur ce sujet,
où on prouve que la viande n'est pas nécessaire comme
nourriture. Et qu'on n'écoute pas ces médecins du vieux
temps qui préconisent la nécessité de la nourriture
animale, par cette simple raison que cela a été reconnu
longtemps par leurs prédécesseurs et par eux mêmes;
car ils préconisent cela avec entêtement, avec animosité,
comme on défend tout ce qui est vieillot, suranné.

que pour développer des sentiments bestiaux, la lubricité, là luxure, l'ivrognerie.

Cela est confirmé constamment par ce fait que les jeunes gens, bons, purs, surtout les femmes et les jeunes filles, sentent, sans se rendre compte comment l'un découle de l'autre, que la vertu ne s'accorde pas avec le bifteck, et qu'aussitôt qu'ils veulent devenir bons, ils abandonnent la nourriture animale.

Que veux-je prouver? Serait-ce ce fait que les hommes, pour devenir bons, doivent cesser de manger de la viande? Nullement.

Je veux seulement démontrer que, pour arriver à mener une vie morale, il est indispensable d'acquérir *progressivement* les qualités nécessaires, et que, de toutes les vertus, celle qu'il faudra conquérir avant toute autre, c'est la sobriété, la volonté de maîtriser ses passions. En tendant à l'abstinence, l'homme suivra nécessairement un certain ordre défini, et, dans cet ordre, la première vertu sera la sobriété dans la nourriture, le jeûne relatif.

Et s'il cherche sérieusement et sincèrement la voie morale, la première dont l'homme se privera sera la nourriture animale; car, sans parler de l'incitation aux passions produites par cette nourriture, son usage est tout simplement immoral, car il exige une action contraire au sentiment de la moralité — l'assassinat — et il n'est provoqué que par la gourmandise, la voracité.

Et pourquoi la privation de la nourriture animale sera-t-elle la première étape vers la vie morale?

Il y est excellemment répondu dans ce livre[1], et non pas par un seul homme, mais

---

1. Cette étude a été écrite en guise de préface à une traduction russe d'un ouvrage anglais de Havard Williams (*the Ethics of Diet*) qui contient un grand nombre de biographies et d'extraits des œuvres de différents grands penseurs de toutes les époques qui s'élevaient contre l'usage par l'homme de la nourriture animale.

par toute l'humanité en la personne de ses meilleurs représentants, durant toute l'existence, depuis l'âge de raison de l'humanité.

Mais pourquoi, si l'illégitimité, c'est-à-dire l'immoralité d'une nourriture animale, est connue depuis si longtemps de l'homme, n'est-on pas arrivé encore jusqu'ici à la conscience de cette loi ? — demanderont des gens qui jugent plutôt d'après l'opinion courante que d'après leur raison. La réponse en est dans ce fait que le mouvement moralisateur, qui constitue la base de tout progrès, s'accomplit toujours lentement, et que l'indice de tout véritable mouvement est dans son caractère de perpétuité et dans sa constante accélération.

Tel est le mouvement végétarien; ce mouvement est exprimé aussi bien par tous les écrits qui composent ce livre que par l'existence même de l'humanité, laquelle tend de plus en plus, sans qu'elle en ait conscience,

11.

à passer de la nourriture animale au régime
végétal, et ce mouvement se manifeste avec
une force particulière et consciente dans le
végétarisme, qui prend de plus en plus
d'extension. Chaque année, le nombre de
livres et de revues traitant ce sujet s'accroît
du plus en plus.

On rencontre de plus en plus souvent des
hommes qui renoncent à la nourriture animale, et, chaque année, surtout en Allemagne,
en Angleterre et en Amérique, le nombre des
hôtels et auberges végétariens augmente de
plus en plus.

Ce mouvement doit particulièrement réjouir les hommes qui cherchent à réaliser le
royaume de Dieu sur la terre, non pas parce
que le végétarisme par lui-même est un pas
important vers ce royaume, mais parce qu'il
est l'indice que la tendance vers la perfection
morale de l'homme est sérieuse et sincère,
car cette tendance implique un ordre inva-

riable qui lui est propre et qui commence par la première étape.

On ne peut que s'en réjouir, et cette joie est comparable à celle que doivent éprouver des hommes qui, voulant atteindre l'étage le plus élevé d'un édifice, auraient songé tout d'abord à escalader le mur, et qui s'aperce· vraient enfin que le plus simple moyen est encore de commencer par la première marche de l'escalier.

LA GUERRE

LA GUERRE

I

Nous qui aimons simplement les étrangers, les Français, les Allemands, les Américains, les Anglais ; nous qui estimons leurs qualités, qui sommes heureux de les rencontrer, qui les accueillons avec plaisir, qui non seulement ne pouvons pas considérer comme un acte héroïque la guerre contre eux, mais qui même ne pouvons pas penser sans terreur qu'un désaccord aussi grave puisse éclater, nous sommes tous appelés à participer à la tuerie qui doit s'accomplir, sinon aujourd'hui, inévitablement demain.

On comprend que les Juifs, les Grecs, les Romains aient défendu leur indépendance par l'assassinat, et par l'assassinat soumis les autres peuples, parce que chacun d'eux croyait fermement être le seul peuple élu, bon, aimé de Dieu, tandis que les autres n'étaient que des philistins ou des barbares. Les hommes du moyen âge, et même ceux de la fin du siècle dernier et du commencement de celui-ci, pouvaient encore avoir la même croyance. Mais nous, malgré toutes les excitations, nous ne pouvons plus l'avoir. Et cette contradiction est si terrible à notre époque, qu'il nous est impossible de vivre sans y trouver une solution.

« Nos temps sont riches en contradictions de toute sorte, écrit dans son savant mémoire le professeur de droit international, M. le comte Komarovksy ; la presse de tous les pays nous parle sur tous les tons de la nécessité de la paix pour les peuples, et le désire ardemment.

« L'Europe, par suite, se trouve, sous ce rapport, malgré toutes nos conquêtes scientifiques, dans la même situation qu'au temps e plus mauvais et le plus barbare du moyen âge, dit à son tour M. l'abbé Defourny. Tout le monde se plaint de cet état qui n'est ni la guerre ni la paix, et tout le monde voudrait en sortir. Les chefs d'État affirment tous qu'ils veulent la paix, et ils rivalisent en déclarations les plus solennellement pacifiques. Et le même jour, ou le lendemain, ils présentent aux parlements des projets de loi pour l'augmentation des effectifs, en disant qu'ils prennent des mesures préventives précisément en vue de garantir la paix.

« Mais ce n'est pas cette paix-là que nous préférons, et les nations ne s'illusionnent pas. La véritable paix est basée sur la confiance réciproque, tandis que ces formidables armements décèlent entre les États, sinon une hostilité déclarée, du moins une défiance cachée. Que dirions-nous d'un homme qui, voulant déclarer ses sentiments amicaux à son voisin, l'inviterait à examiner les questions qui les divisent un revolver à la main ?

« C'est cette contradiction flagrante entre les déclarations pacifiques et la politique militaire des gouvernements que tous les bons citoyens voudrait faire cesser, coûte que coûte. »

On s'étonne de ce que 60 000 suicides se produisent par an en Europe, et ce chiffre contient seulement les cas connus et notés, et la Russie et la Turquie exceptées. Il faudrait, au contraire, s'étonner qu'il y en ait si peu. Tout homme de notre époque, si on pénètre la contradiction entre sa conscience et sa vie, se trouve dans la situation la plus cruelle. Sans parler de toutes les autres contradictions entre la vie réelle et la conscience,

qui remplissent l'existence de l'homme
moderne, il suffirait de cet état de paix armée
permanente et de sa religion chrétienne pour
que l'homme désespère, doute de la raison
humaine et renonce à la vie dans ce monde
insensé et barbare. Cette contradiction, quin-
tessence de toutes les autres, est si terrible,
que vivre en y participant n'est possible que
si on ne pense pas, si on peut oublier.

Comment! nous tous, chrétiens, non seulement nous professons l'amour du prochain,
mais encore nous vivons réellement d'une vie
commune, d'une vie dont le pouls bat d'un
seul mouvement; nous nous entraînons,
nous nous·instruisons les uns les autres de
plus en plus pour le bonheur commun, nous
nous rapprochons avec amour! — dans ce
rapprochement est le sens de toute la vie;
et demain quelque chef d'État affolé dira une
bêtise quelconque, un autre y répondra
par une autre bêtise, et j'irai, moi, m'exposer

à la mort, pour tuer les hommes qui, non seulement ne m'ont rien fait, mais que j'aime! — Et ce n'est pas une probabilité lointaine, mais une certitude inévitable à laquelle nous nous préparons tous.

Il suffit d'en avoir nettement conscience pour en devenir fou ou se suicider.

Il suffit de revenir à soi un instant pour être acculé à la nécessité d'une pareille fin.

Ce n'est que par cela qu'on peut expliquer l'intensité terrible avec laquelle l'homme moderne cherche à s'abrutir par le vin, le tabac, l'opium, le jeu, la lecture des journaux, les voyages et toute sorte de plaisirs et de spectacles. On s'y livre comme à une occupation sérieuse et importante, et c'en est une en effet. S'il n'y avait pas de moyen extérieur d'abrutissement, la moitié du genre humain se brûlerait la cervelle immédiatement, car vivre en contradiction avec sa raison est la situation la plus intolérable. Et tous les hommes de notre époque se trouvent dans cette situation ; tous vivent dans une contradiction constante et flagrante entre leur conscience et leur vie. Ces contradictions sont aussi bien économiques que politiques, mais la plus saillante est dans la conscience de la loi chrétienne de la fraternité des hommes, et, en même temps, de la nécessité que fait aux hommes le service militaire universel, la nécessité d'être prêt à la haine, au meurtre, d'être en même temps chrétien et gladiateur.

D'ailleurs cela ne peut pas être autrement. En se détournant de la conception chrétienne de la vie, qui détruit l'ordre de choses seulement habituel pour les uns, habituel et avantageux pour les autres, les hommes ne peuvent pas ne pas revenir à la conception païenne et aux doctrines qui en découlent. On prêche de notre temps non seulement le patriotisme et l'aristocratisme comme il y a deux mille ans, mais encore l'épicurisme le plus grossier, la bestialité, avec cette seule différence que les hommes qui l'ont prêchée jadis y croyaient, tandis qu'aujourd'hui les prédicateurs ne croient pas en ce qu'ils disent et n'y peuvent croire parce que cela n'a plus de sens. On ne peut pas rester en place quand le sol est en mouvement : si on n'avance pas, on recule, et, chose étrange et terrible, les hommes instruits de notre époque, ceux qui marchent à l'avant-garde, par leurs raisonnements spécieux, entraînent la société en arrière, pas même vers l'état païen, mais vers l'état de barbarie primitive.

On ne peut mieux voir ces tendances des hommes éclairés de notre époque qu'à leur attitude en présence du phénomène par lequel s'est manifestée toute l'insuffisance de la conception sociale de la vie : la guerre, l'armement général et le service universel.

Le manque de netteté, — si ce n'est pas de

bonne foi, — dans l'attitude des hommes éclairés en face de ce phénomène est frappant. Cette attitude se manifeste de trois façons : les uns considèrent ce phénomène comme quelque chose d'occasionnel produit par la situation politique de l'Europe, et susceptible d'être amélioré sans changements dans l'ordre intérieur de la vie des peuples, mais par de simples mesures extérieures, internationales et diplomatiques ; les autres regardent ce phénomène comme quelque chose de terrible et d'atroce, mais aussi inévitable et aussi fatal que la maladie ou la mort ; les troisièmes considèrent la guerre avec tranquillité et sang-froid, comme un phénomène nécessaire, bienfaisant, et, par conséquent, désirable.

Les hommes traitent ce sujet différemment, mais les uns comme les autres parlent de la guerre comme d'un événement qui ne dépend aucunement de la volonté des hommes qui y participent pourtant, et, par suite, ils n'admettent pas la question qui se présente naturellement à quiconque a son bon sens : Est-ce que, moi, je dois y prendre part? A leur avis, ce genre de questions n'existe même pas, et tout homme, quelle que soit son opinion personnelle sur la guerre, doit servilement se soumettre aux exigences du pouvoir.

L'attitude des premiers, de ceux qui croient à la possibilité d'éviter la guerre par des mesures internationales et diplomatiques, se montre fort bien dans les résolutions du dernier Congrès universel de la paix, à Londres, et dans les articles et les lettres écrits sur la guerre par des écrivains célèbres et réunis dans le numéro 8 de la *Revue des revues*, 1891.

Voici les résultats du Congrès. Ayant réuni de tous les points du globe les opinions verbales ou écrites des savants, le Congrès, dans ses travaux, commencés par un office religieux à la cathédrale et terminés par un banquet suivi de divers toasts, a entendu pendant cinq jours de nombreux discours, et est arrivé aux résolutions suivantes :

Premièrement, de répandre parmi les hommes, par tous les moyens, la conviction que la guerre est absolument contraire à leur intérêt; et que la paix est un grand bienfait; deuxièmement, d'agir sur les gouvernements pour leur démontrer les avantages que présentent sur la guerre les tribunaux d'arbitrage et, par suite, l'intérêt et la nécessité du désarmement.

Pour atteindre le premier but, le Congrès s'adresse aux professeurs d'histoire, aux femmes et au clergé, et leur conseille de consacrer le troisième dimanche du mois de décembre à prêcher aux hommes les maux de la guerre et les bienfaits de la paix. Pour atteindre le second but, le Congrès s'adresse aux gouvernements et leur propose le désarmement et le remplacement de la guerre par l'arbitrage.

Prêcher aux hommes les maux de la guerre et les bienfaits de la paix ! Mais ils les connaissent si bien, ces maux et ces bienfaits, que, depuis qu'ils existent, leur meilleur souhait a toujours été : La paix soit avec vous !

Non seulement les chrétiens, mais encore tous les païens, depuis des milliers d'années, connaissent les maux de la guerre et les bienfaits de la paix.

Le chrétien ne peut pas ne pas les prêcher chaque jour de sa vie ; et si les chrétiens et les prêtres du christianisme ne le font pas, ce n'est pas sans causes, et ils ne le feront pas tant que ces causes ne seront pas écartées. Le conseil donné aux gouvernements de licencier leurs armées et de les remplacer par l'arbitrage international est plus vain encore. Les gouvernements n'ignorent pas

les difficultés que présentent le recrutement
et l'entretien des troupes; si donc ils les
organisent et les maintiennent sous les armes
au prix d'efforts inouïs, c'est qu'évidemment
ils ne peuvent pas faire autrement, et ce ne
sont pas les conseils du Congrès qui chan-
geront cette situation. Mais les savants ne
veulent nullement s'en apercevoir, et ils
espèrent toujours trouver une combinaison
qui décide les gouvernements à limiter eux-
mêmes leur pouvoir.

II

« Peut-on conjurer la guerre ? écrit un savant dans la *Revue des revues*.

« Tout le monde s'accorde à reconnaître que si jamais elle éclate en Europe, elle aura des conséquences peut-être égales à celles des grandes invasions. Elle mettra en cause l'existence mêmes des nationalités, et, par suite, elle sera sanglante, acharnée, atroce.

« Aussi bien, cette considération jointe à celle des engins terribles de destruction dont dispose la science moderne retarde-t-elle peut-être la déclaration et maintient-elle les choses dans cet état qui pourrait être reculé jusqu'à des limites indéfinies, n'étaient les charges énormes qui accablent les nations européennes, et menacent en se prolongeant d'aboutir à des ruines et à des désastres aussi grands que ceux produits par la guerre même.

« Frappées de ces idées, les personnes de tous les pays ont cherché les moyens pratiques, soit d'arrêter, ou tout au moins d'atténuer, les effets de l'effroyable tuerie dont la menace est suspendue sur nos têtes.

« Telles sont les questions mises à l'ordre du jour par l'ouverture prochaine du *Congrès universel de la paix* à Rome, et la publication d'une récente brochure sur le *Désarmement*.

« Il est malheureusement trop certain que, avec l'organisation actuelle de la plupart des États modernes, isolés les uns des autres et dirigés par des intérêts distincts, la suppression absolue de la guerre est une illusion dont il serait dangereux de se leurrer. Cependant, des lois et des règlements plus sages imposés à ces duels entre nations auraient au

13

moins pour effet d'en circonscrire les horreurs.

« Il est également assez chimérique de compter sur les projets de désarmement, dont l'exécution est rendue presque impossible par des considérations d'un caractère populaire présentes à l'esprit de tous nos lecteurs. (Cela veut dire probablement que la France ne peut pas désarmer avant la revanche.) L'opinion publique n'est pas préparée à les accepter, et d'ailleurs les liens internationaux établis entre les différents peuples ne sont pas de nature à les acccepter. Un désarmement imposé par un peuple à un autre dans des conditions périlleuses pour sa sécurité équivaudrait à une déclaration de guerre.

«Toutefois, on peut admettre qu'un échange de vues entre les peuples intéressés aidera, dans une certaine mesure, à l'entente internationale indispensable à une transaction, et rendra possible une réduction sensible des dépenses militaires qui écrasent les nations européennes, au grand détriment des solutions sociales dont la nécessité, cependant, s'impose à chacune d'elles prises individuellement, sous peine d'avoir à l'intérieur la guerre qu'elle aurait empêchée à l'extérieur.

« L'on peut au moins demander la réduction des dépenses énormes qui résultent de l'organisation actuelle de la guerre, en vue de pouvoir envahir un territoire dans les vingt-quatre heures et de pouvoir livrer une bataille décisive dans la semaine qui suivra sa déclaration. »

Il faut agir de manière que les États ne puissent s'attaquer entre eux et s'emparer en vingt-quatre heures de possessions étrangères.

Cette idée pratique a été exprimée par M. Maxime Du Camp et forme la conclusion de son étude.

Les propositions de M. Maxime Du Camp sont les suivantes :

« 1° Un congrès diplomatique représentant les différentes puissances se réunira tous les ans à une époque et pendant un temps déterminés pour examiner la situation des peuples entre eux, applanir les difficultés et servir d'arbitre en cas de conflit latent ;

« 2° Nulle guerre ne pourra être déclarée que deux mois après l'incident qui l'aura provoquée. Pendant cet intervalle, le devoir des neutres sera de proposer un arbitrage ;

« 3° Nulle guerre ne sera déclarée qu'après avoir été préalablement soumise par voie plébiscistaire à l'approbation des nations qui se préparent à être belligérantes ;

« 4° Les hostilités ne pourront être ouvertes qu'un mois après la déclaration officielle de la guerre. »

Mais qui pourrait empêcher les hostilités de *commencer?* Qui obligera les hommes à faire ceci ou cela? Qui forcera les gouvernements à attendre les délais fixés? — Tous les autres États. Mais tous les autres États sont aussi des puissances qu'il faut modérer et *forcer.* Et qui les *forcerait* et comment? — L'opinion publique. Mais s'il y a une opinion publique qui peut forcer la puissance à attendre les délais fixés, la même opinion publique peut forcer la puissance à ne pas déclarer la guerre du tout.

Mais, objecte-t-on, il est possible d'obtenir une telle pondération de forces que les puissances ne pourraient sortir de la réserve. — Ne l'a-t-on pas essayé déjà et ne l'essaye-t-on pas encore? La Sainte-Alliance, c'était cela; la Ligue de la Paix, c'est cela, etc.

Mais si tout le monde se met d'accord? répond-on. Si tout le monde se met d'accord, la guerre n'existera plus, et tous les

13.

tribunaux d'arbitrage deviendront inutiles.

Le tribunal d'arbitrage ! L'arbitrage remplacera la guerre. Les questions seront résolues par l'arbitrage. La question de l'*Alabama* a été résolue par un tribunal d'arbitrage ; celle des îles Carolines a été soumise à l'arbitrage du pape. La Suisse, la Belgique, le Danemark, la Hollande ont tous déclaré préférer l'arbitrage à la guerre.

Je crois bien que Monaco a aussi exprimé le même désir. Il n'y a qu'une petite chose qui manque, c'est que ni l'Allemagne, ni la Russie, ni l'Autriche, ni la France n'ont fait jusqu'à présent la même déclaration.

Comme les hommes se bernent facilement eux-mêmes quand ils y ont intérêt !

Les gouvernements consentiront à résoudre leurs désaccords par l'arbitrage et à licencier leurs armées.

Les différends entre la Russie et la Pologne, l'Angleterre et l'Irlande, l'Autriche et la

Bohême, la Turquie et les Slaves, la France
et l'Allemagne seront aplanis par conciliation,
à l'amiable.

C'est absolument comme si on proposait
aux négociants et aux banquiers de ne rien
vendre au-dessus du prix d'achat, de s'occuper
sans bénéfices de la distribution des richesses,
et de supprimer l'argent, devenu inutile.

Mais, comme le commerce et les opérations
de banque consistent uniquement à vendre
plus cher que le prix d'achat, cette proposition équivaudrait à une invitation à se suicider. De même en ce qui concerne les gouvernements. La proposition de ne pas employer
la force, mais de régler leurs malentendus
avec justice, est un conseil de suicide. Il est
peu probable qu'ils y consentent.

Les savants se réunissent en sociétés (il y
en a de cette sorte plus de cent), en congrès
(il y en avait récemment à Paris, à Londres
et à Rouen); ils prononcent des discours,

banquettent, portent des toasts, publient des
bulletins, et démontrent ainsi par tous les
moyens que les peuples, forcés à entretenir
des millions d'hommes sous les armes, sont
à bout d'efforts, et que ces armements sont
en opposition avec le progrès, les intérêts
et les désirs des populations ; mais que, en
noircissant beaucoup de papier, en débitant
beaucoup de paroles, on pourrait mettre tous
les hommes d'accord et faire qu'il n'y ait plus
d'intérêts opposés et partant, plus de guerre.

Lorsque j'étais enfant, on me fit croire
que, pour attraper un oiseau, il suffisait de
lui mettre un grain de sel sur la queue. Je
tentai donc de m'approcher d'un oiseau avec
du sel, mais je me convainquis bientôt que,
si je pouvais lui mettre du sel sur la queue,
il me serait tout aussi facile de le prendre, et
je compris qu'on s'était moqué de moi.

Les hommes qui lisent les articles et les
livres sur l'arbitrage et le désarmement

doivent s'apercevoir également qu'on se moque d'eux.

Si on peut mettre un grain de sel sur la queue d'un oiseau, c'est qu'il ne s'envole pas et qu'il est facile de le prendre. S'il a des ailes et ne veut pas être pris, il ne se laisse pas mettre du sel sur la queue, parce que le propre de l'oiseau est de voler. De même le propre du gouvernement est de commander et non d'obéir. C'est pourquoi il y tend toujours et n'abandonnera jamais le pouvoir volontairement. Or comme c'est l'armée qui lui donne le pouvoir, il ne renoncera jamais à l'armée et à sa raison d'être : à la guerre.

III

L'erreur vient de ce que les savants juristes,
— en se trompant et en trompant les autres,
— affirment dans leurs livres que le gouvernement n'est pas ce qu'il est: une réunion
d'hommes qui exploitent les autres, mais,
d'après la science, la représentation de l'ensemble des citoyens. Ils l'ont affirmé si longtemps qu'ils ont fini par y croire eux-mêmes;
aussi leur semble-t-il que la justice peut être
obligatoire pour les gouvernements. Mais
l'histoire démontre que, depuis César jusqu'à
Napoléon, et de ce dernier à Bismarck, le
gouvernement est toujours, en son essence,
une force qui viole la justice, et que cela ne
peut pas être autrement. La justice ne peut
pas être obligatoire pour celui ou ceux qui

disposent d'hommes abusés et dressés à la violence, — les soldats, — et par eux dominent les autres. C'est pourquoi les gouvernements ne peuvent pas consentir à diminuer le nombre de ces hommes dressés et obéissants, qui constituent toute leur force et toute leur influence.

Telle est la manière de voir d'une partie des savants au sujet de la contradiction qui pèse sur notre monde, et tels sont leurs moyens de la résoudre. Dites à ces hommes que la solution dépend uniquement de l'attitude personnelle de chaque homme devant la question morale et religieuse posée aujourd'hui, — à savoir : la légitimité ou l'illégitimité du service obligatoire, — ces savants ne feront que hausser les épaules, et ne daigneront pas même répondre. Pour eux, ils ne voient dans cette question qu'une occasion de prononcer des discours, de publier des livres, de nommer des présidents, des vice-présidents, des secrétaires, de se réunir ou de parler dans telle ou telle ville. De tout ce verbiage écrit ou parlé doit sortir, d'après eux, ce résultat que les gouvernements cesseront de recruter des soldats, base de leur force, et, suivant leurs conseils, licencieront leurs armées, et resteront sans défense non seulement devant leurs voisins, mais aussi devant leurs propres sujets. C'est comme des brigands ayant garrotté des hommes désarmés pour les dépouiller, qui se laisseraient toucher par des discours sur la souffrance que cause à leurs victimes la corde qui les attache, et s'empresseraient de la couper.

Cependant il y a des gens qui croient à cela, qui s'occupent de congrès de la paix, prononcent des discours, écrivent des livres : les gouvernements, cela va sans dire, leur témoignent de la sympathie, et feignent de les encourager, de même qu'ils feignent de protéger les sociétés de tempérance, tandis qu'ils ne vivent, pour la plupart, que de l'ivrognerie des peuples; de même qu'ils feignent de protéger l'instruction, alors que leur force a précisément l'ignorance pour base; de même qu'ils feignent de garantir la liberté et la Constitution, alors que leur pouvoir se maintient grâce à l'absence de liberté; de même qu'ils feignent de se soucier de l'amélioration du sort des travailleurs, alors que c'est sur l'oppression de l'ouvrier que repose leur existence; de même qu'ils feignent de soutenir le christianisme, alors que le christianisme détruit tout gouvernement.

On se soucie de la tempérance, mais de telle façon que ce souci ne puisse pas diminuer l'ivrognerie; de l'instruction, mais de telle façon que loin de détruire l'ignorance, on ne fait que l'accroître; de la liberté et de la Constitution, mais de telle façon que l'on

n'empêche pas le despotisme; du sort des
ouvriers, mais de telle façon qu'on ne les
affranchisse pas de l'esclavage; du christianisme, mais du christianisme officiel qui
soutient les gouvernements au lieu de les
détruire.

Maintenant c'est un nouveau souci : la
paix.

Les souverains, qui prennent conseil
aujourd'hui de leurs ministres, décident de
par leur seule volonté si c'est cette année ou
l'année prochaine que commencera la grande
tuerie. Ils savent très bien que tous les
discours ne les empêcheront pas, quand
l'idée leur en viendra, d'envoyer des millions d'hommes à la boucherie. Ils écoutent
même avec plaisir ces dissertations pacifiques, les encouragent et y prennent part.

Loin d'être nuisibles, elles sont, au contraire, utiles aux gouvernements, parce
qu'elles donnent le change aux peuples et les

détournent de la question principale, essentielle : Doit-on ou non se soumettre à l'obligation du service militaire?

« La paix va être bientôt organisée grâce aux alliances, aux congrès, aux livres et aux brochures. En attendant, endossez donc votre uniforme et tenez-vous prêts à commettre et à souffrir des violences pour nous, » disent les gouvernements, et les savants organisateurs de congrès, et les auteurs de mémoires pour la paix approuvent pleinement.

Ainsi agissent et pensent les savants de cette première catégorie. C'est l'attitude la plus profitable aux gouvernements et, par suite, celle qu'encouragent les gouvernements habiles.

La manière de voir d'une deuxième catégorie est plus tragique. C'est celle des hommes qui trouvent que l'amour de la paix et la nécessité de la guerre forment une contradiction terrible, mais que telle est la destinée de l'homme. Ce sont pour la plupart des hommes de talent, de nature impressionnable, qui voient et comprennent toute l'horreur, toute l'imbécillité et toute la barbarie de la guerre; mais, par une étrange aberration, ils ne voient et ne cherchent aucune issue à cette situation désespérante de l'humanité que pour irriter la plaie à plaisir.

« Pourquoi ne jugerait-on pas le gouvernement après chaque guerre déclarée? se demande, par exemple, le célèbre écrivain français Guy de Maupassant. Si les peuples comprenaient cela, *s'ils faisaient justice eux-mêmes des pouvoirs meurtriers, s'ils refusaient de se laisser tuer sans raison, s'ils se servaient de leurs armes contre ceux qui les leur ont données pour massacrer, ce jour-là la guerre serait morte... Mais ce jour-là ne viendra jamais.* »

(*Sur l'Eau*, p. 71-80.)

L'auteur voit toute l'horreur de la guerre;
il voit qu'elle est causée par les gouvernements qui, en trompant les peuples, les pous-
sent à s'entr'égorger sans aucune utilité; il
voit encore que les citoyens qui composent
les armées pourraient tourner leurs armes
contre les gouvernements et leur demander
des comptes; mais il pense que cela n'arrivera
jamais, et que, par suite, aucune issue n'est
possible.

« Je pense, dit-il ailleurs, que l'œuvre de
la guerre est terrible, mais qu'elle est inévitable; que l'obligation du service militaire
est aussi inévitable que la mort, et que puisque les gouvernements la voudront toujours,
la guerre existera toujours. »

Ainsi écrit cet écrivain de talent, sincère,
doué de cette faculté d'entrer dans le vif du
sujet, qui constitue l'essence du don poétique. Il nous représente toute la cruauté de
la contradiction entre la conscience des

hommes et leurs actions, mais il ne cherche pas à la résoudre et semble reconnaître que cette contradiction doit exister et qu'elle contient en elle la tragédie poétique de la vie.

Un autre écrivain, non moins doué, M. Édouard Rod, dépeint sous des couleurs plus vives encore la barbarie et la folie de la situation actuelle, mais, lui aussi, dans le seul but de constater son caractère tragique et sans proposer aucune issue.

D'après lui (Voir *le Sens de la vie*, pages 208-213), la force est entre les mains de ceux qui se perdent eux-mêmes, entre les mains des individus isolés qui composent la masse, et que la source du mal est dans l'État. Il semble évident que la contradiction entre la conscience et la vie a atteint les limites qui ne peuvent pas être dépassées et où la solution s'impose.

Mais l'auteur n'est pas de cet avis. Il voit

le tragique de la vie humaine, et, après avoir montré toute l'horreur de la situation, il conclut que c'est dans cette horreur que doit se passer la vie humaine.

Telle est la manière de voir de cette deuxième catégorie d'écrivains, qui considèrent la guerre comme quelque chose de fatal.

La troisième catégorie est celle des hommes qui ont perdu la conscience et, par suite, le bon sens et tout sentiment humain.

A cette catégorie appartient Moltke, dont l'opinion a été citée par Maupassant, ainsi que la majorité des militaires élevés dans cette superstition cruelle, qui en vivent, et sont souvent naïvement convaincus que la guerre est une institution non seulement inévitable, mais nécessaire, utile.

C'est encore l'opinion de quelques civils soi-disant savants et policés.

Voici ce qu'écrit, dans le numéro de la

Revue des revues, où sont réunies les lettres sur la guerre, le célèbre académicien M. Camille Doucet :

« Cher Monsieur,

« Quand vous demandez au moins belliqueux des académiciens s'il est partisan de la guerre, sa réponse est faite d'avance.

« Malheureusement, Monsieur, vous qualifiez vous-même de rêve la pensée pacifique dont s'inspirent aujourd'hui vos généreux compatriotes.

« Depuis que je suis de ce monde, j'ai toujours entendu beaucoup d'honnêtes gens protester contre cette affreuse habitude de tuerie internationale dont le monde reconnaît le mal et le déplore ; mais comment y remédier ?

« Très souvent aussi on a tenté de supprimer le duel ; cela semblait être facile ; eh bien, non ! tout ce qu'on a fait encore dans ce noble but n'a jamais servi et ne servira jamais à rien.

« Tous les congrès des deux mondes auront beau voter contre la guerre et aussi contre le duel, au-dessus de toutes les arbitrations, de toutes les conventions, de toutes les législations, il y aura éternellement :

« *L'honneur des hommes*, qui toujours a voulu le duel,

« Et *l'intérêt des peuples*, qui toujours voudra la guerre.

« Je ne souhaite pas moins, et de tout mon cœur, que le Congrès de la paix universelle réussisse enfin dans sa très honorable entreprise.

« Agréez, Monsieur, l'assurance, etc...

« CAMILLE DOUCET. »

Le sens de cette lettre est que l'honneur des hommes veut qu'ils se battent entre eux, et que l'intérêt des peuples exige qu'ils se ruinent et s'exterminent mutuellement. Quant aux tentatives pour supprimer la guerre, on ne leur doit qu'un sourire.

Du même genre est l'opinion d'un autre académicien, M. Jules Claretie :

« Cher Monsieur,

« Il ne peut y avoir qu'une opinion pour un homme sensé sur la question de paix ou de guerre.

« L'humanité est faite pour vivre, pour vivre libre de perfectionner et d'améliorer son sort par un pacifique labeur. L'entente générale que prêche *the Universal Peace Congress* est un beau rêve peut-être, mais à coup sûr le plus beau des rêves. L'homme a toujours devant les yeux la Terre promise, et sur cette terre de l'avenir les moissons devront mûrir sans redouter d'être hachées par les

obus, ni écrasées par les roues des canons.
Seulement... Ah! seulement, comme les philosophes et les bienfaiteurs de l'humanité ne
sont points les maîtres, il est bon que nos
soldats veillent sur la frontière et sur le foyer,
et leurs armes, bien portées et bien maniées,
sont peut-être les plus sûrs garants de cette
paix que nous aimons tous.

« On ne donne la paix qu'aux résolus et aux
forts.

« Croyez, cher Monsieur, à mes plus sin-
cères et distingués sentiments.

« JULES CLARETIE. »

Le sens de cette lettre est que rien n'empêche de parler de ce que personne n'a l'in-
tention ni le devoir de faire. Mais dès qu'il
s'agit de la pratique, il faut se battre.

Voici maintenant l'opinion récemment
exprimée sur ce sujet par le plus popu-

laire romancier d'Europe, M. Émile Zola [1] :

« Je considère la guerre comme une nécessité fatale qui paraît inévitable à cause de ses
liens intimes avec la nature humaine et l'uni-
vers entier. Je voudrais reculer la guerre aussi
longtemps que possible. Néanmoins, il arrive
un moment où nous sommes obligés de nous
battre. Je me mets en ce moment au point
de vue universel, et je ne fais aucune allusion
à notre désaccord avec l'Allemagne, qui n'est
qu'un incident insignifiant dans l'histoire de
l'humanité. J'ai dit que la guerre est nécessaire et utile, car elle apparaît comme une
condition d'existence de l'humanité. Nous
rencontrons la guerre partout, non seulement
chez les diverses races et les divers peuples,
mais encore dans la vie de famille et dans la

---

1. Cet extrait est traduit de la version russe d'une
interview publiée par un journal français.

vie privée. Elle est un des éléments principaux du progrès, et chaque pas en avant
fait jusqu'ici par l'humanité a été fait dans
le sang.

« On a parlé et on parle encore de désarmement. Cependant le désarmement est une
chose impossible, et même, s'il était possible,
on devrait le refuser. Seul, un peuple armé
est puissant et grand. Je suis convaincu que
le désarmement général aurait pour résultat
une décadence morale, qui se manifesterait
par l'affaiblissement général et arrêterait
la marche progressive de l'humanité. Une
nation guerrière jouit toujours d'une santé
florissante. L'art militaire entraîne avec lui
le développement de tous les autres arts.
L'histoire en témoigne. Ainsi, à Athènes et
à Rome, le commerce, l'industrie et la littérature n'ont jamais atteint un aussi haut développement qu'à l'époque où ces villes domi-
naient par la force des armes le monde connu

alors. Pour prendre un exemple en des temps plus rapprochés, rappelons-nous le siècle de Louis XIV. Les guerres du Grand Roi, non seulement n'ont pas arrêté les progrès des arts et des sciences, mais, au contraire, semblaient activer et favoriser leur développement. »

La guerre, œuvre utile !

Mais l'opinion la plus caractéristique en ce sens est celle de l'académicien M. de Vogüé, le mieux doué parmi les écrivains de cette tendance. Voici ce qu'il écrit dans un article sur la section militaire à l'Exposition de 1889 :

« Sur l'esplanade des Invalides, au centre des campements exotiques et coloniaux, un bâtiment plus sévère domine le pittoresque bazar; tous ces fragments du globe sont venus s'agréger au palais de la Guerre, nos hôtes soumis montent la garde à tour de rôle devant la maison mère, sans laquelle ils ne seraient

pas ici. Beau sujet d'antithèses pour la rhéto-
rique humanitaire ; elle ne se fait pas faute de
geindre sur ces rapprochements, et d'affirmer que ceci tuera cela [1], que la fusion des
peuples par la science et le travail aura raison de l'instinct militaire. Laissons-lui cares-
ser la chimère d'un âge d'or, qui deviendrait
bien vite, s'il pouvait se réaliser, un âge de
boue. Toute l'histoire nous enseigne que ceci
est créé pour cela, qu'il faut du sang pour hâter
et cimenter la fusion des peuples. Les sciences
de la nature ont ratifié de nos jours la loi
mystérieuse révélée à Joseph de Maistre par
l'intuition de son génie et par la méditation
des dogmes primordiaux ; il voyait le monde
se rachetant de ses déchéances héréditaires
par le sacrifice ; les sciences nous le montrent se perfectionnant par la lutte et la sélec-

---

1. Parole prise dans le roman de Victor Hugo,
Notre-Dame de Paris.

tion violente : c'est des deux parts la constatation du même décret, rédigé en termes différents. Constatation désagréable, à coup sûr ; mais les lois du monde ne sont pas faites pour notre agrément, elles sont faites pour notre perfectionnement. — Entrons donc dans cet inévitable, ce nécessaire palais de la Guerre ; nous aurons occasion d'y observer comment le plus tenace de nos instincts, sans jamais rien perdre de sa vigueur, se transforme et se plie aux exigences diverses des moments historiques. »

La nécessité de la guerre se trouve prouvée, pour M. de Vogüé, par deux expressions de deux grands penseurs, Joseph de Maistre et Darwin, et ces expressions lui plaisent tellement qu'il les rappelle de nouveau dans sa lettre au directeur de la *Revue des revues :*

« Monsieur, écrit-il, vous me demandez mon sentiment sur la réussite possible du

Congrès universel de la Paix. Je crois avec Darwin que la lutte violente est une loi de nature qui régit tous les êtres; je crois avec Joseph de Maistre que c'est une loi divine : deux façons différentes de nommer la même chose. Si, par impossible, une fraction de la société humaine, — mettons tout l'Occident civilisé, — parvenait à suspendre l'effet de cette loi, des races plus instinctives se chargeraient de l'appliquer contre nous : ces races donneraient raison à la nature contre la raison humaine; elles réussiraient, parce que la certitude de la paix, — je ne dis pas *la paix*, je dis, la *certitude de la paix*, — engendrerait avant un demi-siècle une corruption et une décadence plus destructives de l'homme que la pire des guerres. J'estime qu'il faut faire pour la guerre, loi criminelle de l'humanité, ce que nous devons faire pour toutes nos lois criminelles, les adoucir, en rendre l'application aussi rare que possible,

15.

tendre de tous nos efforts à ce qu'elles soient inutiles. Mais toute l'expérience de l'histoire nous enseigne qu'on ne pourra les supprimer tant qu'il restera sur la terre deux hommes et du pain, de l'argent et une femme entre eux.

« Je serais bien heureux si le Congrès me donnait un démenti. Je doute qu'il le donne à l'histoire, à la nature, à Dieu.

« Veuillez agréer, Monsieur, l'assurance de ma considération distinguée.

« MELCHIOR DE VOGÜÉ. »

Le sens de cette lettre est que l'histoire, la nature de l'homme et Dieu nous montrent que la guerre subsistera tant qu'il y aura deux hommes, et entre eux le pain, l'argent et la femme. Cela veut dire qu'aucun progrès n'amènera le hommes à abandonner la sauvage conception de la vie qui n'admet pas sans lutte le partage du pain, de l'argent (que vient faire ici l'argent?) et de la femme.

Ils sont étranges, ces hommes qui se réunissent en congrès, prononcent des discours pour enseigner comment on attrape un oiseau en lui mettant un grain de sel sur la queue, tout en sachant que c'est impossible. Ils sont étranges aussi, ceux qui, comme Maupassant, MM. Rod et bien d'autres, voient clairement toute l'horreur de la guerre, toute la contradiction résultant de ce que les hommes ne font pas ce qu'il faut faire et ce qui leur serait profitable, qui se lamentent sur les fatalités tragiques de la vie, et ne voient pas que ces fatalités cesseront aussitôt que les·hommes, renonçant à raisonner sur des sujets inutiles, se décideront à ne plus faire ce qui leur est pénible et répugnant.

Ces hommes sont étonnants, mais ceux qui, comme M. de Voguė et les autres, adoptent la loi d'évolution, considérant la guerre non seulement comme inévitable, mais encore comme utile, et par suite désirable, ces hommes sont terribles, effrayants dans leur aberration morale. Ceux-là disent au moins qu'ils haïssent le mal, et qu'ils aiment le bien, tandis que ceux-ci déclarent ouvertement qu'il n'y a ni bien ni mal. Toutes les dissertations sur la possibililé d'établir la paix à la place de la guerre actuelle sont du sentimentalisme nuisible de phraseurs. Il existe une loi d'évolution d'après laquelle il ressort que je dois vivre et agir mal : que faire? Je suis un homme instruit, je connais la loi d'évolution, et, par conséquent, je vais agir mal : « Entrons au palais de la Guerre. » Il existe une loi d'évolution, et, par suite, il n'y a ni bien ni mal, et il ne faut vivre que par son intérêt personnel en abandonnant le reste à la loi d'évolution. C'est le dernière expression de la culture raffinée et en même temps de cet obscurcissement de la conscience qui distingue les classes éclairées de notre époque.

Le désir des classes éclairées de conserver par tous les moyens leurs idées préférées et l'existence qui en est la conséquence atteint son paroxysme. Ces hommes mentent, se trompent eux-mêmes et trompent les autres, avec les formes les plus raffinées, pour arriver seulement à obscurcir, à étouffer la conscience.

Au lieu de changer leur manière de vivre, selon les indications de leur conscience, ils cherchent par tous les moyens à étouffer sa voix. Mais c'est dans l'obscurité que brille la lumière, et c'est ainsi que la vérité commence à luire dans les ténèbres de notre époque.

LA CHASSE

LA CHASSE

On dit qu'il est plus facile d'acheter un lièvre que de perdre son temps à le chasser. Sans doute, il est plus facile d'acheter un lièvre ; mais pour l'homme, cela ne remplace pas la chasse parce qu'un lièvre acheté ne distrait l'homme ni de l'examen de lui-même, ni de la mort, ni du malheur, tandis que la chasse, le jeu, les émotions violentes, l'ivrognerie ont les soucis et les amusements vains qui font aisément oublier. (PASCAL.)

Rappelle-moi toujours, conscience, que je ne puis nuire impunément à personne et qu'en blessant un être vivant, je blesse par cela même mon âme. (MERCIER.)

16

Il y a quelques années j'ai entendu le col-
loque suivant entre un vieux chasseur débu-
tant et un vieux disciple de saint Hubert, qui
avait abandonné ce plaisir, après en avoir
compris toute la cruauté et l'immoralité :

LE JEUNE CHASSEUR (*avec assurance*). Mais
quel mal voyez-vous dans la chasse ?

L'EX-CHASSEUR. Il est mal de tuer des animaux pour son seul plaisir.

Il est impossible, en effet, de démontrer ce
principe, tant il est simple, clair et juste.
Mais le jeune chasseur n'abandonna pas son
plaisir, et il s'y livre encore aujourd'hui.
Cependant, la conviction que la chasse est un
plaisir innocent n'est plus aussi ferme chez
lui, sa conscience n'est plus tranquille vis-à-
vis d'une action qu'il considérait jusqu'alors
comme inoffensive.

Il est évident que le jeune homme ne chas-
sera plus longtemps.

Il faut espérer que l'article qu'on va lire

produira une influence salutaire sur ceux qui le liront. Plaise à Dieu que ses lecteurs soient nombreux, surtout parmi la jeunesse.

I

Demandez au premier chasseur venu : « Quel est l'attrait dominant de la chasse ? » Vous n'en trouvez pas beaucoup pour répondre que c'est le plaisir de poursuivre et de tuer les animaux. La grande majorité des chasseurs vous dira que leur plaisir n'est pas dans la tuerie, mais dans ce qui l'accompagne.

« On croit à tort, dira le chasseur, que l'acte lui-même de tuer le gibier est le principal plaisir de la chasse. Si cela était, il serait beaucoup plus simple d'aller égorger les veaux et les poules dans la basse-cour. Ce n'est pas dans la poursuite et la tuerie des animaux que se trouve l'attrait de la chasse, mais dans les diverses sensations et impressions qu'éprouve le chasseur depuis son départ jusqu'à son retour. La chasse procure à l'homme, occupé par un travail monotone, la possibilité de s'arracher à ses préoccupations quotidiennes, de se soustraire aux soucis conventionnels de notre vie et de vivre pendant quelques instants en communion avec la nature. Et cette communion pendant la chasse ne se borne pas à une contemplation passive : il subit la loi qui régit tout être vivant — la lutte pour l'existence, — l'homme s'identifie avec la nature.

« Le chasseur exerce non seulement la force physique, l'habileté, l'agilité de ses mouvements, la justesse de son coup d'œil et la fermeté de son bras, mais encore les facultés morales : l'énergie, l'audace, la fermeté. Ainsi, outre la vie au sein de la nature, le chasseur développe en lui des aptitudes physiques et morales qui, pendant son existence mondaine ou sédentaire, demeurent inactives et par suite diminuent.

11.

« A ce point de vue, la chasse est éducatrice pour les jeunes gens ; elle leur apprend à compter sur leurs forces, à se passer d'aide. Cela est particulièrement utile à ceux qui, depuis leur enfance, sont habitués à recourir au travail des autres quand il faut déployer des forces physiques. De plus, la passion pour la chasse est souvent bienfaisante, parce qu'elle préserve le jeune homme contre des entraînements nuisibles moralement et physiquement, comme la passion du vin, du jeu, des femmes. Ce n'est pas sans raison que la chasse est considérée comme une distraction virile et noble, et qu'elle est en honneur chez tous les peuples depuis les temps les plus reculés. »

Ainsi raisonnent les chasseurs qui veulent justifier leur amusement favori. Et au premier abord leurs raisons semblent fondées. Mais sont-elles vraiment justes ?

Pendant de longues années, j'ai été chas-

seur passionné, la chasse était pour moi une
occupation très sérieuse; non seulement je
m'exerçais à être habile tireur, mais encore
j'en étudiais la théorie. Rien ne m'absorbait
plus que la chasse, je ne connaissais pas
d'émotions plus vives et plus délicieuses que
celles que j'éprouvais à chasser.

Malgré tout, le doute sur la légitimité de ce
plaisir me hantait parfois. Ne voulant pas
m'en priver, je cherchais toutes sortes
d'excuses : et tout d'abord, cela me suffit.
Mais les doutes augmentaient avec le temps,
empoisonnant la jouissance.

C'est ainsi qu'un reproche à peine percep-
tible de ma conscience grandit peu à peu et
finit par m'inquiéter sérieusement.

Je dus regarder la vérité en face, et alors
je compris la cruauté de la chasse. A présent,
je ne puis plus voir dans la chasse qu'un acte
non seulement inhumain, mais encore sanguinaire, propre seulement aux sauvages et

aux hommes qui mènent encore une vie inconsciente, qui ne s'harmonise pas avec le degré du développement moral auquel nous nous croyons arrivés.

J'ai cessé de chasser, mais pendant long-temps encore, à chaque évocation du plaisir que j'éprouvais, j'ai été tenté d'y revenir. Aujourd'hui, grâce à Dieu, cette tentation n'existe plus pour moi et je puis, en regardant tranquillement dans le passé, récapituler toutes mes pensées et mes impressions.

II

L'intéressant, ce n'est pas la chasse, mais les conditions dans lesquelles elle est faite, nous dit-on.

Si cela était vrai, la seule communion du chasseur avec la nature pourrait le satisfaire. Cependant, ni les promenades à pied ou en bateau, ni les travaux du jardinage ou des champs, ni tout ce qui se fait au milieu de la nature, ne peuvent tenir lieu au chasseur de cette jouissance particulière, accessible seulement à celui qui a la sensation du chasseur, comme le disent fièrement les disciples de saint Hubert.

En quoi consiste donc cette sensation du chasseur et la jouissance qu'elle éveille ?

Quoi qu'ils en disent, le plaisir dominant de

la chasse est dans la poursuite et le meurtre
des animaux. Là seulement est son but, là
seulement est son attrait.

On dit encore que cet attrait résulte de ce
que le chasseur subit la loi propre à tout être,
la lutte pour l'existence, et s'identifie avec la
nature.

Cette explication pourrait être juste si
l'homme chassait pour ses besoins. Mais
d'abord cela n'arrive jamais, non seulement
pour le chasseur riche, mais pour celui d'une
condition plus modeste; ensuite la lutte pour
l'existence a pour l'homme un sens particulier qui ne peut pas s'identifier à celui de la
chasse. Il est vrai que dans la nature, tout
lutte sans cesse pour l'existence. Même chez
les animaux, la lutte ne se borne pas à l'égor-
gement du faible par le fort; ceux-ci emploient
non moins d'efforts et d'art dans la lutte
contre les éléments naturels. Ils construisent
des abris contre les intempéries des saisons,

et se livrent à une foule d'occupations semblables. Pour l'homme, la forme principale
de la lutte pour l'existence est la construction
des maisons, la confection des vêtements et
surtout la préoccupation de la nourriture
quotidienne, la préparation des plantes alimentaires. A mesure que nous nous éloignons de
l'état primitif, les formes de la lutte pour
l'existence se modifient progressivement. La
première phase de cette lutte, la chasse,
ressemble au mode de lutte des animaux.
Mais avec le développement des conditions de
la vie, cette lutte grossière contre les bêtes
devient inutile. Aujourd'hui, le meurtre des
animaux, même pour l'alimentation de
l'homme, devient absolument superflu, comme
cela est prouvé par le nombre toujours crois-
sant des personnes qui se nourrissent inten-
tionnellement d'aliments végétaux ou de
laitage.

C'est pourquoi la chasse n'est plus aujourd'hui une forme naturelle de lutte pour l'existence, mais un retour volontaire à l'état sauvage, avec cette différence que la chasse était une occupation naturelle de l'homme primitif, et que cette occupation du moderne civilisé ne fait qu'exercer et développer chez lui des instincts bestiaux que la conscience réprouve.

Il suffit de s'imaginer la conduite de l'homme pendant la chasse pour se convaincre qu'en laissant libre carrière à ses plus mauvais instincts, il accomplit des actes dont la seule pensée le ferait rougir dans d'autres conditions.

Il existe une série d'actes et de procédés reconnus avec raison comme indignes d'un honnète homme.

La supercherie, la perfidie, les pièges, l'embuscade, l'attaque du plus grand nombre contre un seul, du faible par le fort, l'enlèvement des enfants à leurs parents et des parents à leurs enfants sont autant d'actes vils par eux-mêmes, indépendamment de la qualité de leurs victimes. Cependant, par une inconcevable contradiction, tous ces actes vils et criminels sont accomplis, sans scrupule, ouvertement, à la chasse contre des êtres inoffensifs, par les mêmes hommes qui refuseraient de donner la main à celui qui agirait de la sorte envers l'homme. On dirait que les hommes ont tant de peine de ne pouvoir se nuire entre eux qu'ils s'en vont dans les champs et dans les forêts pour se venger de leur contrainte sur des êtres vivants, et donner libre carrière à leurs penchants les plus bas.

Éventrer, casser la tête contre un arbre, déchirer en morceaux, etc., sont les actes les plus ordinaires et même les plus nécessaires de la chasse. Il est cependant tout naturel de s'apitoyer sur les souffrances des animaux. Pourquoi donc, à la chasse, les hommes, non seulement n'ont-ils pas pitié des animaux,

mais encore n'ont-ils pas honte de les sur-
prendre, de les poursuivre et de les torturer
par tous les moyens possibles? Tout homme
commet à la chasse des actes pour lesquels il
gronderait ou battrait les gamins des rues s'ils
les avaient commis sur des animaux non
reconnus gibier.

Que tout chasseur examine sa conduite vis-
à-vis les êtres qu'il poursuit; qu'il se mette
un moment à leur place, et il sera obligé de
reconnaître la justesse de ce qui précède.

III

Nous sommes fiers du progrès de notre civilisation, nous examinons avec satisfaction ce que nous considérons comme ses succès dans toutes les branches de la vie sociale, et nous ne remarquons pas que notre existence est souvent fondée sur les principes les plus injustes et les plus cruels, et que l'humanité de l'avenir en parlera avec la même répulsion que nous éprouvons aujourd'hui pour l'esclavage et la torture, par exemple.

Certes, la chasse n'est pas la plus criante des infamies qui nous reste du passé, mais son épanouissement éhonté dans notre temps est fort instructif. L'enseignement que nous en tirons est ceci : c'est qu'on ne peut pas dissimuler le but de la chasse par de grands mots, qui servent si bien à cacher le véritable caractère de manifestations barbares. Mais la raison est toujours prête à trouver quelque justification à toute vilenie. C'est ce qui m'est arrivé lorsque le doute sur l'innocence de la chasse m'envahit et que je ne voulais pas me refuser ce plaisir. Je rougis au souvenir des justifications ingénieuses que j'inventais à cette époque pour avoir le droit moral de me livrer à ma distraction favorite.

Je me souviens qu'une de ces justifications consistait à me dire que tout animal, rapace ou non, détruit les autres êtres vivants. Le loup mange les moutons et les lièvres, les lièvres avalent avec l'herbe une grande quantité d'insectes qui ont la même ardeur de vivre. Donc, en tuant à la chasse un seul animal, je sauve par là même la vie des êtres que cet animal aurait détruits en continuant à vivre. Satisfait de ce prétexte, qui me semblait une raison convaincante, je continuais à chasser.

Un jour, posté sur la lisière de la forêt pendant une battue, d'un coup de fusil, je fais tomber un loup, puis j'accours, pour l'achever d'un gros bâton préparé à cet effet. Je le frappe à la racine du nez, l'endroit le plus sensible de l'animal, et lui me regarde droit aux yeux et à chaque coup laisse échapper un soupir étouffé. Bientôt, ses pattes se convulsent, se tirent, un léger frissonnement les parcourt, elles se raidissent. Je reviens vivement à ma place, tout émotionné et me cache derrière mon arbre à l'affût d'une nouvelle victime.

Le soir, dans mon lit, je repassai dans mon esprit les impressions de la journée et mon imagination revenait sans cesse à l'instant où j'entendis à la brousse non loin de moi un bruit, où apparut le loup, jetant des regards autour de lui. Je me souvins comment la

17.

bête ne m'ayant pas remarqué et entendant derrière elle les cris des piqueurs, fuit la forêt pour s'élancer dans les champs ; comment, à ce moment, la balle de mon fusil le renversa et comment je l'achevai.

Ce souvenir me faisait battre le cœur et je revivais avec délices les émotions de la journée. Je ressentais une véritable volupté en souvenir des souffrances de l'animal expirant.

Mais, peu à peu, une sorte de gêne m'envahit ; puis, soudain je compris, par le cœur et non par la raison, que ce meurtre était en lui-même une action mauvaise et que pire que l'action même était le plaisir qu'elle procurait, et pire encore était la mauvaise foi avec laquelle je cherchais à me justifier. Alors seulement la raison me montra l'inanité de mon argumentation antérieure en faveur de la chasse. Je compris que le prétexte que je me donnais était vain, et que le loup pouvait dire avec la même justesse : qu'en mangeant

des lièvres, il sauvait les insectes avalés avec
l'herbe, le lièvre pourrait raisonner de même,
et les insectes à leur tour.

Ce piètre sophisme ne vaudrait peut-être
pas la peine d'être rapporté. Mais, en ana-
lysant les sophismes, on se souvient malgré soi de leur analogie avec les grandes
phrases dont nous sommes habitués de cou-
vrir les infamies les plus grandes de la vie
moderne, et qui sont courantes dans la
société. Je me souviens de l'époque où le
danger couru par les chasseurs dans de
grandes battues, acquiéraient à mes yeux une
valeur particulière. Je ne remarquais pas à
ce moment que les hommes s'arrangent toujours de façon à courir beaucoup moins de
dangers que les fauves, et de plus, qu'en ris-
quant pour leur amusement leur vie, les
chasseurs, loin de diminuer leur culpabilité,
l'augmentent encore. Il existe tant de moyens
de servir son prochain au péril de sa vie que

c'est un crime de l'exposer pour le plaisir.

Mais si les chasseurs font parade du danger qu'ils courent parfois, ils ne se doutent nullement du danger moral incomparablement plus grand qu'ils courent à chaque chasse.

IV

La compassion est une des plus précieuses facultés de l'âme humaine; En s'apitoyant sur les souffrances d'un être vivant, l'homme s'oublie lui-même et comprend la situation du malheur. Par ce sentiment, il se soustrait à son propre isolement et acquiert la possibilité d'unir son existence à celle des autres êtres vivants.

En exerçant et en développant cette faculté d'unir sa vie aux autres, l'homme s'achemine vers la vie impersonnelle qui élève à un degré plus haut sa conscience et lui procure le plus grand bonheur accessible. Ainsi, la pitié, en aidant à adoucir les souffrances des autres, est encore plus utile à celui qui l'éprouve.

Bouddha, Çakia-Mouni, l'apôtre de la pitié,

défendait à ses disciples le meurtre de n'importe quel être animé.

Une légende touchante raconte qu'un de ses disciples, un pèlerin, rencontra un chien couvert de plaies et rongé par les vers. Le pèlerin se baissa vers l'animal, retira de ses mains les vers, les réunit en un tas sur la route et s'éloigna. Mais bientôt il réfléchit qu'il a pris aux vers leur nourriture et qu'il mourront d'inanition. Il en eut pitié, revint sur ses pas, coupa un morceau de sa propre jambe, le plaça devant les vers afin qu'ils pussent se nourrir. Ce n'est qu'alors qu'il continua son chemin, l'esprit tranquille.

Cette légende est instructive, non pas dans le sens que nous devons nous laisser manger par les vers, mais qu'il n'y a pas de limites au sentiment de pitié, qu'il ne doit jamais être refoulé, mais au contraire encouragé.

La pitié reste toujours le même sentiment, qu'on l'éprouve pour un homme ou pour une mouche. Dans l'un et dans l'autre cas, l'homme accessible à la pitié se soustrait à l'égoïsme et il élargit ainsi les satisfactions morales de sa vie. C'est pourquoi l'homme doit particulièrement apprécier toute manifestation de la pitié qu'il éprouve pour n'importe quel être vivant. A la moindre velléité de ce sentiment engendré par le motif le plus futile, il faut le laisser grandir et non l'étouffer.

L'homme qui comprend toute l'importance morale de la pitié ne reculera pas devant la crainte que ses manifestations puissent le rendre ridicule aux yeux des autres. Que lui importe, qu'en lâchant une souris prise au piège au lieu de la tuer, il provoque les railleries ou la désapprobation, quand il sait que non seulement il a sauvé de la mort un animal qui tenait à la vie autant que lui, mais encore qu'il a laissé librement se manifester le sentiment de la compassion, qu'il a fait un pas vers cette ère supérieure de l'amour universel qui, n'admettant aucune limite, l'affranchit de la mort et l'identifie avec la source de vie.

Tout chasseur agit dans un sens diamétralement opposé; ce n'est pas une fois par hasard, mais toujours, qu'il étouffe en lui le précieux sentiment de la charité. Il est peu probable que, parmi les chasseurs, il s'en trouve un seul qui n'éprouve pas une seule fois au moins, le commencement de la pitié pour une de ses victimes, mais qui, chaque fois, ne cherche à maîtriser ce sentiment, le considérant comme une faiblesse. Et c'est ainsi qu'est piétiné le bourgeon à peine éclos de la pitié, dont pourrait pousser et fleurir le sentiment le plus élevé et le plus parfait de l'amour. Dans ce constant suicide moral est le souverain mal de la chasse.

V

De quelque côté que nous l'envisagions, la chasse est un acte stupide, cruel et nuisible pour le sentiment moral. Il n'est donc pas étonnant qu'outre leur méchanceté envers les animaux, les chasseurs manifestent aussi, dans leurs rapports mutuels, des sentiments non moins égoïstes : la suffisance, la vanité, le mensonge, l'envie, la malveillance. Tout chasseur ayant impartialement analysé ses impressions à la chasse, doit en convenir.

Le fameux tableau de Pérov, *Le chasseur*, exprime parfaitement un des côtés de ces rapports entre chasseurs.

Pendant un déjeuner sur l'herbe, un homme d'un âge mûr raconte une de ses aventures de chasse et l'exagère visiblement. Son jeune compagnon paraît assez naïf pour croire à la réalité de ce récit. Mais un troisième compagnon se gratte la nuque avec un air de méfiance qui exclut toute illusion de respect pour le vieux menteur.

Un autre tableau : Dans une chasse à courre, un renard est atteint par les chiens à deux pas de sa tanière. Un chien le saisit à la gorge, l'autre par derrière, et ils le tirent de tous côtés. Le renard, la gueule ouverte, suffoque de souffrance et de peur. Les chasseurs arrivent, jouissent de ce spectacle avec une joie cruelle. L'un accourt vers l'animal en serrant le bâton avec lequel il va l'achever. Un autre, très vieux, arrêtant son cheval, fixe d'un regard féroce, la victime expirante. D'autres chasseurs accourent de toutes parts.

Le peintre a représenté un des épisodes les plus ordinaires de la chasse à courre, sans arrière-pensée. Mais le spectateur, non chasseur, de cette scène repoussante, se demande malgré lui : Qui des acteurs de cette scène est plus bestial, sont-ce les chiens excités et enragés ou les maîtres qui les ont rendus furieux?

Enfin voici un tableau d'un peintre anglais, *Une calme nuit d'automne*, tableau frappant au point de vue qui nous occupe. Sur le bord escarpé d'un lac pittoresque éclairé par la lune, est couché un grand cerf blessé, dont les chasseurs ont perdu la trace. Il est à ses derniers moments. Devant lui, la biche, la tête levée vers le ciel, verse des larmes, fait entendre des plaintes désespérées. Sa face exprime un tel chagrin, une telle souffrance, qu'il est impossible de ne pas s'indigner à la pensée de ces hommes qui, après avoir accompli ce forfait sanguinaire et inutile, se chauffent à un joyeux feu de cheminée, dans de moelleux fauteuils, buvant, fumant, s'entretenant de leurs exploits de chasse.

Si on pouvait fixer sur un tableau toute la

souffrance, tout le désespoir que, durant sa vie, un seul des chasseurs ait causé aux animaux qu'il a poursuivis, blessés et tués, il est probable que, si dur que son cœur puisse être, il aurait eu honte de ses actes.

Il est superflu, je crois, de démontrer l'influence pernicieuse de la chasse sur la jeunesse. Quand l'enfant ou l'adolescent voit le sérieux avec lequel les adultes s'adonnent à un plaisir aussi vain que la chasse, l'attention et la solennité qu'ils mettent à s'y préparer, le plaisir franc avec lequel ces hommes qu'ils respectent font souffrir des êtres sans défense, il est difficile de demander à cet enfant ou à cet adolescent la notion juste sur le bien et sur le mal, sur l'important et sur le futile, sur ce qui est digne de respect et d'imitation et sur ce qui mérite la condamnation et le mépris. On s'effraye vraiment des conditions dans lesquelles notre jeunesse se développe, de cette atmosphère de mal légitimé,

de ce vice approuvé que les jeunes gens respirent au moment où leur développement
moral a le plus besoin d'air pur, de bien et
do vérité!

On croit que la chasse donne aux jeunes
gens astreints au travail sédentaire l'avantage
d'un exercice physique en plein air. C'est le
dernier argument et le plus faible, car l'occupation la plus utile, la plus noble et la plus
paisible, celle qui remplit le même but, est le
travail des champs dans ses nombreuses et
diverses applications : le labour, les semailles,
la fenaison, la récolte des céréales, la coupe
des arbres, les travaux de menuiserie, le jardinage, l'élevage des animaux, etc. On ne
finirait pas d'énumérer les diverses occupations qui ne demandent pas moins d'exercices
physiques, d'art et d'habileté que tous les
sports imaginables. Dans ces occupations, la
communion avec la nature est constante, et
l'homme s'applique à dresser les animaux

18.

pour l'aider dans un travail utile et raisonnable et non pour en faire l'objet d'un plaisir malsain de chasseur.

.˙.

Ayant dit ce qui me tenait à cœur sur le plaisir cruel des chasseurs, je ne m'attends pas, je l'avoue, à autre chose qu'à des railleries de leur part. Mais ce n'est pas aux hommes faits que je m'adresse, c'est principalement aux jeunes gens dont la conscience parle encore, susceptible de s'élargir; aux jeunes gens qui sont assez courageux pour juger les opinions adoptées, et au besoin les modifier, même s'il en résultait l'obligation d'abandonner une distraction favorite.

LE BONHEUR

LE BONHEUR

I

Le Christ nous révèle la vérité. Si la vérité existe théoriquement, elle doit exister pratiquement. Si la vie en Dieu est heureuse et vraie, elle doit l'être appliquée à la vie réelle, car ou la vie réelle doit pouvoir s'adapter à la doctrine du Christ, ou la doctrine du Christ est fausse.

Le Christ nous appelle des ténèbres à la lumière, non point de la lumière aux ténèbres. Il a pitié des hommes et les traite en brebis perdues. Il leur promet pour les attirer un bon pasteur et de gras pâturages. D'ailleurs, il prévient ses disciples qu'ils souffriront pour sa doctrine et il les adjure d'être inébranlables. Mais il ne dit pas qu'on le suivant, ils souffriront plus qu'en suivant le monde. Il dit que la morale des hommes rend malheureux et que ses disciples trouveront le bonheur.

Il est bien certain que cet enseignement est celui du Christ ; la netteté de ses paroles, le sens général de sa doctrine, sa vie et celle de ses disciples en sont autant de preuves.

On conçoit que les disciples du Christ soient plus heureux que les hommes qui partagent la morale du monde : les premiers, faisant le bien, ne provoquent aucune haine ; ils ne sont en butte qu'aux persécutions des seuls méchants. Les partisans du monde, eux, ont pour loi de la vie la loi de la lutte et ils s'entre-dévorent. D'autre part, les épreuves humaines sont les mêmes pour tous. Mais tandis que les disciples du Christ les supportent avec calme et les jugent nécessaires, les disciples du monde se révoltent de toutes les forces de leur être et ignorent pourquoi ils souffrent.

Que chacun évoque les moments pénibles de sa vie, qu'il se souvienne de ses souffrances physiques et morales et qu'il se demande au nom de quels principes il a supporté tant de maux : est-ce dans l'esprit du Christ ou dans celui du monde? Qu'un homme sincère repasse le cours de son existence, il verra que jamais il n'a souffert pour avoir suivi la doctrine du Christ, mais que la plupart des malheurs de sa vie provenaient de ce que, résistant à sa conscience, il a suivi la morale du monde.

Dans ma vie, heureuse au point de vue du monde, la somme des souffrances que j'ai endurées pour le monde suffirait à faire un martyr pour le Christ. Tous les vices qui ont souillé ma vie, à commencer par l'ivrognerie et la débauche de mes années d'étude pour finir aux duels, aux maladies, aux conditions anormales et pénibles où je lutte, tout cela c'est un martyre apporté en offrande sur l'autel du monde.

Et je ne parle que de ma vie personnelle, exceptionnellement heureuse au jugement du monde. Combien y a-t-il de victimes du monde dont je ne puis même imaginer les souffrances !

Nous sommes persuadés que les malheurs, dont nous sommes la cause, sont les conditions normales de la vie. Aussi nous ne pouvons comprendre que le Christ nous dise de nous libérer du mal et de vivre heureux.

II

Parcourez une foule, de préférence celle des villes. Examinez ces visages fatigués, inquiets, ravagés, rappelez-vous votre vie et celle des hommes que vous avez pu connaître intimement; souvenez-vous des morts violentes, des suicides dont vous avez entendu parler et demandez-vous le pourquoi de ces morts, de ces souffrances et de ces désespoirs? Et vous verrez, quelque étrange que cela puisse paraître, que la cause des neuf dixièmes des souffrances humaines est la vie actuelle du monde, que ces souffrances sont inutiles, qu'elles pourraient ne pas être et que la majorité des hommes sont des martyrs des idées mondaines.

Récemment, par un dimanche pluvieux

d'automne, je traversais en tramway le
marché qui se tient près de la tour de Sou-
kharev. Sur une étendue d'un demi-kilomètre,
la voiture divisa une foule compacte qui se
reformait derrière notre passage. Du matin
au soir, ces milliers d'hommes, la plupart
affamés et vêtus de haillons, se bousculent
dans la boue, se disputent, se trompent et se
haïssent. C'est là ce qui se passe dans tous
les marchés de Moscou et des autres villes.
Ces hommes passeront leurs soirées dans
les cabarets, et, la nuit, ils iront trouver leurs
coins et leurs bouges. Le dimanche est leur
meilleur jour. Le lundi ils recommencent
l'existence maudite.

Réfléchissez à l'existence de ces hommes,
à la situation qu'ils abandonnent et à celle qu'ils
choisissent. Considérez à quel travail ils se
livrent et vous verrez que ce sont des martyrs !

· Tous ont quitté leurs champs, leurs maisons, leurs pères et leurs frères, souvent leurs femmes et leurs enfants. Ils ont renoncé à tout et sont venus à la ville, tout cela pour acquérir ce que le monde croit nécessaire ! Tous en sont là, depuis l'ouvrier des fabriques, le cocher, la couturière, la prostituée, jusqu'au commerçant enrichi, au fonctionnaire, à leurs femmes à tous, — sans parler des dizaines de mille malheureux qui ont tout perdu et qui vivent de restes et d'eau-de-vie dans les asiles de nuit !

Parcourez cette foule, du pauvre au riche ; cherchez celui qui se dit satisfait et croit posséder ce que le monde tient pour nécessaire ; vous n'en trouverez pas un entre mille. Tous appliquent leurs efforts à acquérir ce que le monde impose et dont l'absence pour ce monde constitue le malheur. Mais aussitôt après l'acquisition du bien convoité, le monde en présente un plus nécessaire et le labeur de Sisyphe dure éternellement,

Considérez l'échelle sociale, depuis l'homme qui dépense 300 roubles jusqu'à celui qui en dépense 50,000 ; vous verrez qu'il n'y en a pas un qui ne se soit acharné au travail pour acquérir 400 roubles s'il en a 300, 500, s'il en a 400 et ainsi de suite. Pas un, s'il a 500 roubles qui veuille descendre à la situation de celui qui en a 400 ; et si le même homme se restreint volontairement à 400 roubles, c'est pour accumuler et entasser d'autant plus.

Aujourd'hui, cet homme possède un vêtement à la mode, demain il voudra une montre et sa chaîne ; après-demain un appartement avec divans et lustres, des tapis pour le salon, des tentures de velours ; puis une maison, des chevaux, des tableaux. Enfin, comme résultat de cet effort excessif, il tombe malade et meurt ! Un autre continue son œuvre, immole sa vie au même Moloch ; il meurt de même sans savoir pourquoi il a tant peiné. Mais peut-être cette vie est-elle heureuse en elle-même?

Comparons-la à ce que les hommes entendent par bonheur et nous verrons qu'elle est immensément malheureuse.

III

Quelles sont en effet les premières conditions du bonheur, celles que personne n'oserait discuter ?

Une des premières conditions, admise de tous, c'est l'intégrité du lien qui relie l'homme à la nature, c'est-à-dire à la lumière du soleil, à l'air libre, aux champs, aux plantes, aux animaux. Partout et toujours, les hommes ont considéré comme un malheur la privation de ces biens. C'est celle que le prisonnier ressent le plus vivement. Voyez maintenant l'existence des hommes qui vivent d'après le code du monde. Plus grande est leur situation dans le monde, plus grande est leur privation de cette condition du bonheur et moins ils jouissent de la lumière du soleil, des champs, des

forêts, des animaux sauvages ou domestiques.
La plupart d'entre eux, — presque toutes
les femmes, — atteignent la vieillesse sans
avoir plus d'une ou deux fois dans leur vie,
contemplé le lever du jour, les campagnes et
les forêts, autrement que par une portière de
wagon ou de voiture; sans avoir jamais semé
une plante, élevé une vache, un cheval ou
une poule, sans même savoir comment
naissent, croissent et vivent les animaux. Ils
ne connaissent que les tissus, les pierres, le
bois travaillés par la main des hommes, et
encore les voient-ils, non pas à la lumière du
soleil, mais à une lumière factice; ils n'entendent que le bruit des machines, des
voitures, des canons, le son artificiel des
instruments de musique; ils respirent les
parfums exécrables de l'alcool et de la fumée
de tabac; ils ne sentent que les tissus et le
bois sous leurs mains et sous leurs pieds; ils
mangent, étant donné leur estomac débilité,

des aliments faisandés et puants. Leurs voyages ne les affranchissent pas. Ils se font charrier dans des caisses fermées et partout où ils vont, à la campagne ou à l'étranger, ils sentent le même bois, la même pierre sous leurs pieds; les mêmes draperies leur cachent la lumière du jour; les mêmes laquais, cochers ou portiers interceptent leur communication avec les champs, les plantes et les bêtes. Partout où ils vont, ils sont dépouillés de ce bonheur de la nature, tout comme les prisonniers. De même que ces derniers se consolent par la vue de l'herbe poussée dans la cour de leur prison, par le passage furtif d'une araignée, ou d'une petite souris, de même ces hommes se consolent par la jouissance de chétives plantes de serres, par celle d'un petit chien, d'un perroquet, d'un singe, élevé toutefois et nourri par des mercenaires.

Une autre condition du bonheur est le travail : le travail sympathique et libre ; puis, le travail physique qui donne l'appétit et le sommeil profond et réconfortant. Or, d'après le monde, plus la situation d'un homme est enviable, plus elle est étrangère à cette deuxième condition du bonheur. Tous les heureux de ce monde, — les fonctionnaires et les riches, — sont privés de tout travail physique comme des prisonniers. Ils luttent, mais en vain, contre les maladies, fruit de cette privation, et contre l'ennui qui les ronge. Je dis que leur lutte est vaine, car le travail n'est sain que lorsqu'il est nécessaire et qu'eux ne manquent de rien ! Dans d'autres cas, les hommes du monde font un travail qu'ils haïssent, comme les banquiers, les procureurs et autres. Je dis, qu'ils haïssent, parce que jamais je n'ai rencontré parmi eux un homme qui éprouvât dans son travail un plaisir égal à celui du concierge balayant la neige sur sa porte. Tous ces heureux, qui sont ou privés de travail, ou astreints à un

travail qu'ils détestent, ont exactement la
situation des forçats."

La famille est la troisième condition indispensable du bonheur. Encore une fois, plus
un homme est élevé dans le monde, moins il
connaît ce bonheur. La plupart des hommes
du monde sont des adultères qui, en pleine
connaissance de cause, repoussent les joies du
foyer. Même dans les liens légitimes, leurs
enfants leur sont à charge. Ils se privent de
la joie de vivre avec eux; car d'après leurs
principes, ils doivent les confier à d'autres, à
des étrangers d'abord venus d'autres pays, à
des précepteurs ensuite, de sorte que la
famille est pour eux une source d'embarras
et de malheurs. Les enfants sont dès leur
jeunesse aussi malheureux que leurs pères, ils
ne nourrissent à leur égard d'autre sentiment
que le désir de leur mort afin de jouir de leur
héritage.

Ce qui étonne, c'est d'entendre les parents

se justifier par le raisonnement suivant :
« Moi, je n'ai besoin de rien, la vie m'est à
charge, mais je vis et j'agis pour mes enfants. »
C'est-à-dire : « Je sais par mon expérience
que notre vie est malheureuse. En conséquence, j'élève mes enfants de manière
à ce qu'ils soient malheureux comme moi.
C'est ainsi que, pour l'amour d'eux, je les
amène dans une ville remplie d'infections
physiques et morales ; je les confie aux mains
d'étrangers, qui poursuivent leurs intérêts
seuls dans l'éducation qu'ils donnent, et je
pourris consciencieusement mes enfants au
point de vue physique, au point de vue moral
et au point de vue intellectuel. »

La quatrième condition du bonheur est
dans le commerce libre et bienveillant avec
tous les hommes. Mais ici encore les hommes
du monde sont privés de cette condition essentielle du bonheur. Plus on monte, plus
étroit est le cercle des relations, tandis que, au

paysan et à sa femme, l'humanité entière est accessible. Qu'un million d'hommes ne veuille point descendre jusqu'à eux, il reste encore 80 millions de travailleurs comme eux d'Arkhangel à Astrakhan, avec lesquels ils sentiront des liens étroits et fraternels sans visite ni présentation. Pour un fonctionnaire et sa femme, il y a des centaines d'égaux ; mais les supérieurs les excluent de leur cercle, les inférieurs en sont également séparés. Quant au ministre, au millionnaire et à leurs familles, leur entourage est restreint à une dizaine de personnes aussi haut placées, aussi riches. N'est-ce pas la vie du prisonnier, entouré de ses deux ou trois gardes-chiourmes ?

Enfin, une cinquième condition du bonheur, c'est la santé et la mort sans souffrance. Ici encore, nous ne trouvons point le bonheur dans les sphères élevées du monde.

Prenez un homme de fortune moyenne et sa femme d'une part, et un paysan et sa femme de situation également moyenne de l'autre. Comparez leurs vies, et vous verrez, malgré les privations et le travail excessif supportés par le paysan, que les hommes et les femmes se portent d'autant mieux qu'ils se trouvent plus bas dans l'échelle sociale, et sont d'autant plus malades qu'ils se trouvent plus haut. Parmi eux, un homme bien portant, non astreint à la périodique cure d'été, est aussi exceptionnel que l'est un malade dans le milieu ouvrier. Tous ces heureux sans exception ont commencé par une dépravation précoce, qui est devenue dans leur existence une condition naturelle. Tous sont chauves et dépourvus de dents à l'âge où le paysan est dans toute sa force. Tous souffrent de maladies des nerfs, de l'estomac et d'autres organes survenues à la suite d'excès, d'ivrognerie, de débauches, de traitements médicaux. Ceux qui ne meurent pas jeunes passent la moïtié de leur vie à s'injecter de morphine; ils deviennent des estropiés pitoyables, incapables de jouir, et vivent en parasites comme ces fourmis qui se font nourrir par leurs esclaves. Voyez leur mort : celui-ci s'est brûlé la cervelle, tel autre a succombé à des maladies inavouables. L'un après l'autre, tous périssent victimes de la vie actuelle du monde. Et des foules d'hommes les suivent et, semblables aux martyrs, ces hommes cherchent les souffrances et l'anéantissement!

Des existences entières se jettent sous le char de Moloch : le char passe, les écrase et des victimes fraîches retombent sous la roue, des malédictions sur les lèvres!

IV

On affirme que la doctrine du Christ est difficile à concevoir quand il dit : « Celui qui veut me suivre doit abandonner ses terres, sa maison, ses frères et sœurs et venir à moi, qui suis Dieu, et celui-là recevra de moi cent fois ce qu'il perd. » Lorsque le monde s'écrie : « Abandonne ta maison, tes champs, tes frères de la campagne pour venir à la ville infecte », nul ne trouve difficile le précepte. Les familles elles-mêmes conseillent le départ aux enfants.

Ah ! si le but du monde était facile à atteindre, agréable et sans danger, on pourrait croire que celui du Christ est difficile et effrayant. En réalité, la morale du monde est plus pénible à suivre que celle du Christ.

Il y eut, dit-on, autrefois des martyrs de la doctrine du Christ. C'est là un fait exceptionnel. Dans l'espace de 1800 ans, on compte 380,000 martyrs volontaires ou involontaires pour le Christ. Faites le compte maintenant des martyrs pour le monde. Vous verrez que pour un martyr du Christ, il y a mille martyrs du monde, martyrs dont les souffrances ont été cent fois plus cruelles. Le chiffre seul des hommes tués pendant les guerres de notre siècle atteint 30,000,000 d'hommes.

Or, ce sont tous des martyrs du monde, car si l'humanité suivait l'enseignement du Christ, les hommes ne s'entretueraient point. Quand l'homme aura cessé de croire aux idées du monde qui impose les panaches, la chaîne de montre et le salon inutile ; quand il se persuadera de la nécessité d'éviter les sottises que le monde exige, il ne connaîtra plus ni souffrances, ni constants soucis, ni labeur sans repos et sans but. Il ne se privera plus de la nature, du travail qui lui est harmonique, de sa famille, de sa santé ; il ne périra plus d'une mort dégradante ou douloureuse.

Le Christ ne demande pas que l'on soit martyr. Il nous enseigne au contraire à ne point nous torturer pour des idées fausses.

L'enseignement du Christ a un sens métaphysique profond ; ce sens est universel, il embrasse toute l'humanité, mais il est aussi clair, simple et pratique, adapté à la vie de chaque homme. On peut le résumer ainsi : le Christ enseigne aux hommes à ne pas faire de bêtises. C'est l'expression la plus simple et la plus accessible de sa doctrine.

Le Christ dit : « Ne te mets pas en colère, ne t'élève au-dessus de personne, c'est bête. Si tu te fâches, si tu insultes ton frère, tu en pâtiras. » Il dit ensuite : « Ne rends pas le mal pour le mal, car le mal que tu auras fait te sera rendu au centuple. »Il ajoute : « Ne traite pas en étrangers les hommes d'une autre terre et d'une autre langue que la tienne. Si tu les regardes en ennemi, tu éveilleras les mêmes sentiments et ce sera tant pis pour toi. Ainsi, évite toute ces sottises et tu t'en trouveras bien. »

« Oui, répond-on, mais la société est constituée de telle sorte que lui résister est impossible. Si l'homme n'acquiérait point le nécessaire exigé par le monde, lui et sa famille périraient. » C'est ainsi que parlent les hommes, mais tel n'est point le fond de leur pensée.

Au fond, ils ne croient point à ce qu'ils disent. Ils croient à la morale du monde. Ils craignent la doctrine du Christ sous prétexte qu'elle impose les souffrances. Or, nous voyons les maux innombrables subis par les hommes au nom de la morale du monde, mais nous ne voyons plus à notre époque les souffrances subies au nom de la morale du Christ. 30,000,000 d'hommes ont péri pendant les guerres, des milliers, des millions ont péri par la vie de douleurs exigées par les conventions sociales, mais je ne saurais citer ni des millions, ni des milliers, ni même un seul homme qui soit mort ou ait eu une vie de souffrances en suivant la doctrine du Christ. Cette doctrine nous est donc inconnue, nous ne l'avons jamais sérieusement acceptée et nous nous sommes laissé dire que la doctrine du Christ n'était pas une règle de vie possible.

Or, le Christ appelle les hommes à une source d'eau qui se trouve tout près d'eux. Ils souffrent de la soif, ils mangent de la boue, ils boivent le sang de leurs semblables car leurs maîtres leur ont dit qu'ils périraient s'ils allaient à la source où les convie le Christ. Les hommes meurent de soif à deux pas de l'eau vive sans oser s'approcher. Il suffirait cependant d'avoir foi au Christ, d'aller, nous tous qui sommes altérés, vers la source, et la perfidie de nos maîtres apparaîtrait et nous verrions la puérilité de nos souffrances et nous saurions combien notre salut était proche. Ainsi se dissiperait l'effroyable mensonge au milieu duquel le monde se débat.

V

De génération en génération, nous peinons pour assurer nos vies par des moyens violents. Le bonheur pour nous est la possession des richesses et du pouvoir. Cette conception du bonheur nous est si familière que la parole du Christ, d'après laquelle le bonheur n'est ni dans le pouvoir ni dans la richesse, nous apparaît comme le sacrifice présent en vue d'acheter la félicité future.

Mais le Christ ne nous demande point de sacrifice. Il nous dit au contraire d'éviter ce qui nous est nuisible et de travailler dans un but utile à notre existence terrestre. C'est par amour pour les hommes que le Christ prescrit de ne rien acquérir par violence, de ne pas

convoiter le bien d'autrui, d'éviter toute que-
relle entre frères, et il confirme cet enseignement par l'exemple de sa propre vie.

Il nous dit, il est vrai, que son disciple doit
être prêt à mourir à chaque instant de mort
violente, de faim ou de froid; qu'il ne doit
compter comme assurée aucune heure de son
existence. Mais ce n'est qu'une constatation
des accidents matériels auxquels est soumise
l'existence de tout homme, ce n'est point
une réquisition de sacrifices.

Un disciple du Christ doit toujours être prêt
à supporter la douleur et la mort; mais
n'est-ce pas aussi la condition naturelle de
tout homme qui vit d'après la morale du
monde? Nous sommes tellement invétérés
dans notre erreur que tout ce qui est fait
pour la préservation chanceuse de notre vie:
armées, forteresses, provisions, vêtements, médicaments, biens, etc., nous apparaît comme
réellement capable d'assurer notre existence.

Nous oublions l'histoire de ce riche qui voulait construire des greniers, amasser pour longtemps, et qui mourut la nuit même. Tous nos efforts pour préserver notre vie ressemblent à ce que fait l'autruche quand elle cache sa tête sous son aile et arrive seulement à ne pas voir comment on va la tuer. Nous faisons pire que l'autruche! Pour assurer problématiquement dans l'avenir incertain notre vie incertaine, nous anéantissons notre vie certaine dans le présent certain.

Notre erreur consiste à croire que notre vie peut être garantie par la lutte entre les hommes. Nous sommes tellement habitués à la prétendue préservation de nos vies et de nos biens, que nous ne remarquons plus ce qu'elle nous fait perdre. Ce souci nous ôte le temps de vivre. Nous oublions que la vie ne peut être assurée, n'est jamais assurée.

Notre folie ne se borne pas là. Non seulement nous sacrifions notre existence à une chimère, mais nous perdons encore la chose même que nous voulions préserver. Les Français s'armaient, en 1870, pour garantir leur vie, et des centaines de mille d'entre eux ont péri pour cette préservation. Il en est de même de tous les peuples qui s'arment pour la guerre.

Un riche veut assurer sa vie au moyen de l'argent, et cet argent même attire le brigand qui le tue ! Un homme craint la maladie et veut assurer sa vie par les médicaments, mais ces médicaments mêmes le tuent ou lui retirent la jouissance de la vie, tel ce malade qui passa trente-cinq ans de son existence attendant l'ange au bord de la piscine.

L'enseignement du Christ nous dit que la vie est incertaine, qu'il faut à tout instant être prêt à la mort. Cet enseignement est préférable à celui qu'exige le souci perpétuel des moyens d'assurer son existence. Car, tandis que, dans l'un et l'autre cas, la mort demeure inévitable et la vie toujours incertaine, au moins la vie chrétienne n'est pas absorbée par un souci chimérique. Libérés de ce souci, nous pouvons poursuivre ur but naturel : notre bien et celui des autres.

Le disciple du Christ sera pauvre, c'est vrai ; mais il jouira de tous les bienfaits directs de Dieu par la nature. Sa vie ne sera point sacrifiée.

Nous avons désigné le bonheur par un nom qui signifie malheur suivant le monde : celui de pauvreté. Or, le disciple du Christ sera pauvre, c'est-à-dire il vivra à la campagne et non à la ville ; au lieu de se confiner chez lui, il travaillera aux champs ou dans la forêt ; il verra le soleil, la terre, le ciel, les animaux ; au lieu de chercher les moyens factices propres à exciter l'appétit, il aura faim trois fois par jour, il dormira au lieu de se retourner sur des oreillers mous en cherchant le remède contre l'insomnie ; il aura

des enfants, il vivra avec eux; il communi-
quera librement avec tous les hommes, et,
chose précieuse, il ne fera pas ce qu'il ne veut
pas faire et ne craindra pas l'avenir. Comme
tout le monde, il sera malade, il souffrira et
il mourra, mais dans son existence la somme
de bonheur sera plus grande.

VI

C'est le travail et non l'oisiveté qui fait le bonheur. Un homme ne peut pas se passer de travail : c'est contre sa nature. Il en est de même pour tout animal, cheval ou fourmi. Il faut rejeter la superstition barbare qui consiste à regarder comme seul heureux l'homme oisif qui vit de ses rentes.

Il faut rétablir dans nos idées sur le travail la notion des justes, celle que prêchait le Christ en disant : « Celui qui travaille est seul digne de sa nourriture. » Il n'admettait point qu'un homme fût oisif ou qu'il considérât le travail comme une malédiction. Il nous dit : « Lorsqu'un homme profite du travail d'un autre homme, le premier doit nourrir le second. C'est pourquoi le travailleur a tou-

jours une subsistance certaine. » La différence
entre la morale du Christ et celle du monde
est que, d'après cette dernière, le travail est
la valeur d'un individu, valeur qu'il compare et échange contre d'autres valeurs d'autant plus grandes que son travail est plus
grand. D'après le Christ, le travail est une
condition indispensable de la vie et la nourriture en est la récompense nécessaire. Le
travail produit la nourriture et la nourriture
exige le travail.

D'après l'enseignement du Christ, chaque
homme sera d'autant plus heureux qu'il com-
prendra mieux le but de l'humanité qui est
celui de consacrer sa vie au bonheur des
autres. « Un tel homme, dit le Christ, est
digne de son salaire. Il ne saurait lui man-
quer. » Le Christ nous montre ainsi que l'on
assure sa subsistance, en devenant utile et
nécessaire aux hommes.

Ainsi l'objection qui consiste à dire que

les préceptes du Christ ne sont pas réalisables, que l'homme est tenu d'acquérir quelques biens pour lui et sa famille, ce qui lui serait impossible en pratiquant la doctrine chrétienne, cette objection ne peut être posée que par des hommes futiles et pervers.

Le travail est donc la condition indispensable de la vie humaine ; par lui on atteint le bonheur. Il est injuste de soustraire aux autres hommes le produit de leur labeur ; au contraire, chacun doit apporter son travail pour le bien commun. Si les hommes se disputent entre eux la nourriture, ils mourront tous de faim. Si d'autre part, les uns spolient les autres par violence, un grand nombre mourra de faim ; c'est ce qui a lieu aujourd'hui.

Tout homme vit par la solidarité du travail humain. D'autres hommes l'ont nourri et élevé, l'ont préservé des dangers ; d'autres encore le préservent et le nourrissent à cette heure. Chaque individu est ainsi gardé, élevé et nourri par d'autres; mais pour que tous continuent à garder et à entretenir ce seul homme, il faut que celui-ci devienne à son tour utile et serviable. Les hommes, même mauvais, garderont et nourriront avec sollicitude celui qui travaille pour eux.

Au lecteur de décider quelle est la vie la plus vraie, la plus heureuse! Celle du monde ou celle du Christ?

PROFESSION DE FOI

PROFESSION DE FOI

LETTRE A UN AMI

Mon cher ami,

Je vous écris « mon cher », non pas parce que c'est l'usage, mais parce que depuis que j'ai reçu votre première lettre et votre seconde, surtout, vous m'êtes devenu très sympathique, et que je vous aime très sincèrement. Il y a, dans le sentiment que j'éprouve pour vous, beaucoup d'égoïsme. Vous ne le croirez peut-être pas, mais vous ne sauriez vous imaginer combien je suis isolé, jusqu'à quel point mon *moi véritable* est méprisé par tous ceux qui m'entourent. Je sais que le royaume du ciel est réservé à ceux qui souffrent. Je sais que c'est seulement dans les choses futiles qu'il est donné à l'homme de jouir des fruits de son travail, ou tout au moins d'en voir les résultats. Mais, quant à l'œuvre de la vérité divine qui est éternelle, l'homme ne peut même pas en apercevoir les conséquences, surtout dans la courte période de sa vie. Je sais tout cela et cependant je désespère souvent, et c'est pourquoi notre rencontre et ma presque certitude de trouver en vous l'homme qui marche sincèrement dans la même voie et vers le même but que moi, sont pour moi une grande joie.

Et maintenant je vais procéder avec ordre.

Vos lettres à M*** m'ont beaucoup plu, surtout la dernière. Vos arguments sont irréfutables, mais malheureusement ils n'existent pas pour lui, car je connais ses opinions depuis longtemps. Tout ce qu'il a dit, on le voit dans la vie, dans les livres, et c'est toujours la même chose.

Vous dites : « Ceci est la vérité et cela le mensonge ; et pour telle et telle raison ! Ceci est le bien et cela est le mal, et pour telle et telle raison ! » et vos pareils savent bien que vous êtes dans le vrai, avant même que vous ne le disiez. Mais ils ne veulent pas en convenir. Ils vivent dans le mensonge. Tout homme qui a du cœur, qui aime le bien et hait le mal et dont l'intelligence n'a qu'un but : distinguer le mensonge de la vérité, doit, pour continuer à vivre dans le mensonge et dans le mal, fermer les yeux devant la vérité. Et pour cacher cette défaillance, il invoque les lois historiques, les points de vue objectifs et le souci du bonheur de ses semblables.

Ainsi agissent tous les théologiens, tous les hommes d'État, tous les économistes ; ainsi agissent tous ceux qui mènent une existence contraire au bien et à la vérité, et qui veulent se justifier à leurs propres yeux.

« Or, la cause de la condamnation c'est que la lumière est venue dans le monde, et que les hommes ont mieux aimé les ténèbres que la lumière, parce que leurs œuvres étaient mauvaises.

« Car quiconque fait le mal hait la lumière, et ne vient point à la lumière, de peur que ses œuvres ne soient refusées.

« Mais celui qui agit selon la vérité vient à la lumière, afin que ses œuvres soient mani-festées, parce qu'elles sont faites selon Dieu.» (Chap. III, v. 19-21.)

On ne s'exprime pas plus clairement et j'en conclus que, par rapport à ces hommes, discuter plus longuement serait donner des perles à qui vous savez. Il suffit simplement de garder devant eux une attitude qui dispense de faire d'inutiles efforts. Discuter avec eux n'est pas seulement oiseux; c'est également nuisible pour le but que nous désirons atteindre.

Ils vous provoquent à dire plus de paroles que vous ne voudriez, à formuler des paradoxes, à exagérer votre pensée et, laissant de côté la partie essentielle de vos discours, chicanent sur ces inexactitudes qu'ils ont provoquées.

L'attitude que je m'efforce d'observer vis-à-vis de ces hommes — et que je conseille aux autres — est celle que je garderais vis-à-vis d'un mauvais garnement, ivrogne et de vie dépravée, qui voudrait entraîner mon jeune fils dans la débauche. J'ai pitié pourtant de ces misérables débauchés, mais je ne tenterai jamais de les moraliser, ni de les ramener au bien, sachant par avance que mes peines seraient perdues. Un pareil être serait incurable et je n'obtiendrais d'autre résultat que de le voir me tourner en ridicule devant mon fils. Et mon fils lui-même, si je réussissais à l'arracher par la force à une pareille fréquentation, retomberait un jour ou

22

l'autre dans une compagnie tout aussi funeste.

Ce débauché imaginaire, je ne m'efforcerais même pas de dévoiler sa turpitude devant mon enfant. Il faudrait que celui-ci la découvrît par lui-même. Mon rôle, à moi, serait de remplir sa jeune âme de préceptes assez efficaces pour le préserver des tentations. En agissant autrement, je perdrais inutilement mes peines. Ce n'est ni vous, ni moi, ni tel autre que j'exposerais ainsi à la corruption, c'est cette précieuse petite lueur qui risquerait fort de s'éteindre, dans l'épaisseur des ténèbres qui nous environnent.

Cette digression me fait approcher, sans m'en apercevoir, de la seconde et principale question de votre lettre : *Comment alors éclairer les hommes et les préserver des tentations de la débauche, quand nous en sommes empêchés par la violence ?* Comment arriver à la réalisation de la doctrine évangélique ? Si des hommes me demandent de les protéger, ne dois-je pas prendre leur défense, au risque même d'être obligé de recourir à la force? Dois-je demeurer dans cet état, même si l'on tue ou si l'on torture devant moi des êtres humains?

Non, *on ne doit pas employer la force pour secourir et défendre ses semblables,* parce que le bien ne peut être accompli à l'aide de la violence, c'est-à-dire du mal.

Cher ami, je vous en supplie, au nom du Dieu de la vérité, que vous adorez, ne vous emportez pas, ne cherchez pas à m'opposer des preuves de vos convictions avant d'avoir médité, non pas ce que je vais vous écrire, mais l'Evangile, et non pas l'Evangile en tant que parole de Dieu ou du Christ, mais l'Evangile considéré comme la doctrine la plus nette, la plus simple, la plus compréhensible et la plus pratique sur la façon dont les hommes doivent vivre.

Que dois-je faire si, devant mes yeux, une

mère bat son enfant ? Il s'agit, comprenez-le bien, non pas de suivre mon premier mouvement, mais de décider ce que je dois faire, selon la sagesse et l'équité.

Mon premier mouvement sera, comme lorsque je suis offensé, de me venger. Mais je dois me demander si ma vengeance sera raisonnable ; et je dois rechercher aussi s'il est bon d'employer la force contre cette mère qui frappe son enfant. Qu'est-ce qui me répugne dans cet acte ? Qu'est-ce que j'y trouve de mauvais ? Est-ce ce fait que l'enfant souffre ? N'est-ce pas plutôt cet autre fait que la mère ressent, au lieu des joies de l'amour maternel, les tortures de la colère ? Les deux, peut-être.

Seul, l'homme ne peut faire aucun mal. Le mal agit sur les hommes comme un dissolvant. C'est pourquoi, si je veux tenter quelque chose, je ne le puis que dans le but de faire disparaître le dissolvant et de rétablir l'accord entre la mère et l'enfant. Comment dois-je procéder dans ce cas? Me livrer à la violence vis-à-vis de la mère? Je ne ferai pas disparaître ce qui la sépare de son enfant, je ne ferai que commettre une mauvaise action de plus, qui m'éloignera d'elle. Que faire alors? Me mettre à la place de l'enfant? Au moins, ce ne serait pas stupide !

Ce que dit Dostoievsky, et ce que m'ont répété des moines et des archevêques, me répugne. Ils prétendent que faire la guerre et donner son âme pour ses frères est un droit de défense légitime. J'ai toujours répondu : « *Tendre sa poitrine aux coups des autres, oui; mais fusiller ses semblables, ce n'est pas une défense, c'est une tuerie.* »

Ami, pénétrez-vous bien de l'esprit de l'Évangile, et vous verrez que le troisième commandement si bref (Saint Mathieu, chap. V, v. 38, 39), si catégorique et si bref, qui ordonne « de ne pas résister au mal, c'est-

22.

à-dire ne pas répondre au mal par le mal »
est, sinon le point culminant, au moins un des
principaux chaînons de la doctrine; aussi
est-ce précisément celui-là que refusent
d'observer toutes les doctrines faussement
chrétiennes.

Cet état de choses, que vous haïssez tant,
n'existe jusqu'ici que parce que l'on a méconnu
ce précepte. Je ne parle pas du concile de
Nicée, qui a fait tant de mal et qui était précisément basé sur cette interprétation de la
doctrine du Christ, la violence au nom du
bien. Déjà, au temps des Apôtres, cette
violence apparaît dans les actes de Paul, ce
qui a compromis le sens de la doctrine.

Combien de fois j'ai trouvé également
ridicules les raisonnements des prêtres et des
révolutionnaires avec lesquels je causais, et
qui considèrent la doctrine évangélique
comme un moyen d'atteindre un but pure-
ment extérieur! Prêtres et révolutionnaires

ont cependant des opinions diamétralement
opposées ; mais tous nient avec le même
acharnement la doctrine fondamentale du
Christ. Les premiers ne peuvent pas ne pas
traquer et écraser les hérétiques, encourager
les tueries et les exécutions de leurs béné-
dictions et de leurs prières ; les autres
ne sauraient poursuivre d'autre idéal que
de détruire par la violence ce désordre
effroyable qu'on appelle l'ordre et qui
nous régit.

Évidemment, le clergé et l'aristocratie
n'arrivent point à se figurer la vie humaine
sans la violence. Il en est de même des révolutionnaires.

Vous reconnaissez l'arbre à ses fruits.
L'arbre du bien peut-il porter les fruits de la
violence ? De même, on ne peut pratiquer le
carnage et la tuerie au nom de la morale du
Christ. C'est pourquoi les uns et les autres,
en refusant d'obéir à la doctrine, se privent

tous les premiers de cette force unique que donne la foi; et j'entends la foi en la vérité complète et non pas en telle de ses infimes parties. Ceux qui tirent le glaive périront par le glaive. C'est là, non pas une prophétie, mais l'énoncé d'un fait connu de tous.

On ne sert point à la fois Dieu et le diable. L'Évangile n'est pas le livre stupide que les prêtres s'ingénient à nous représenter ; et toutes les maximes qui s'y trouvent ont été proclamées, non pas à la légère, mais en étroite logique avec la doctrine tout entière. C'est ainsi que le commandement de ne point tirer vengeance du mal, ressort de l'Évangile dans son ensemble. Sans ce commandement, la doctrine chrétienne, à mon avis, s'écroulerait en un instant. Non seulement la vie et l'œuvre du Christ concourent à l'établir ; non seulement Saint Jean nous montre Caïphe faisant périr le Christ au nom de la foi, ignorant qu'il était de cette vérité essentielle ;

mais il est nettement exprimé dans les Saintes
Écritures que la résistance au mal par la
violence est la plus terrible et la plus dange-
reuse des tentations. Les disciples du Christ
y ont succombé, le Christ a failli y succomber
lui-même.

J'irai plus loin. Cette vérité m'apparaît si
simple et si claire que, j'en suis persuadé, je
l'aurais trouvée seul, même si le Christ et sa
doctrine n'avaient point existé ! Ne vous
semble-t-elle pas ainsi ? Il est évident à mes
yeux que si, pour combattre un plus grand
mal, je me permettais la plus légère violence,
un autre viendrait, qui prendrait à son tour la
liberté, puis un second, puis un troisième. Et
ainsi des millions de violences isolées engen-
dreraient à nouveau ce terrible fléau qui règne
aujourd'hui et nous écrase.

Ainsi donc, si vous avez écouté ma prière,
si vous avez lu avec sang-froid ce que j'ai
écrit ici, en vous abstenant de formuler des

arguments en faveur de vos opinions, vous conviendrez, j'espère, qu'il existe aussi de solides preuves à l'appui des idées contraires aux vôtres, et vous en conviendrez plus encore, lorsque vous aurez lu ma traduction résumée de l'Évangile.

Si je devine juste, voici ce qui se passe en vous : votre intelligence me donne raison, mais votre cœur se révolte contre mon interprétation de la maxime : « Ne résistez pas au mal! » Et vous vous dites : « Il doit, certainement, y avoir là quelque obscurité à éclaircir, quelque faute de raisonnement et je les trouverai ; car il est impossible que la doctrine du Christ, la doctrine de l'amour du prochain, me condamne à contempler indifférent le mal qui s'accomplit dans le monde. »

Vous comprenez qu'un vieux comme moi, arrivé au terme de son existence, prêche la mansuétude, et vous m'en excusez ; mais, persuadé que chaque pas de votre vie ne doit être qu'une bataille livrée au mal, vous prenez cette résolution de lutter contre lui par tous les moyens que vous avez déjà trouvés et par ceux que vous pouvez trouver encore. Vous en concluez qu'il faut répandre cette vérité dans le peuple, se rapprocher de ses représentants socialistes évangéliques, peser sur le gouvernement, etc., etc.

Le sentiment qui vous dicte ces paroles est noble, et c'est pour cela d'ailleurs que je vous aime. Mais c'est le même sentiment qui a poussé Saint Pierre a saisir son couteau pour couper l'oreille de l'esclave. Imaginez ce qui serait arrivé si Jésus ne l'avait retenu ? Une bataille. Les partisans de Jésus auraient été vainqueurs et se seraient emparés de Jérusalem. Ils auraient tué et on les aurait tués. Que serait-il advenu de la doctrine chrétienne ? Elle n'existerait plus ; et, n'ayant plus rien sur quoi nous appuyer, nous serions pires que les Aksakov et les Soloviev[1].

Pour vous exprimer plus complètement ma pensée, je vous dirai comment je comprends la doctrine du Christ, doctrine non pas nuageuse ni métaphysique, mais claire et applicable dans la pratique.

La doctrine du Christ, tout le monde le proclame, réside dans l'amour de Dieu et de son prochain. Mais qu'est-ce que Dieu? Qu'entend-on par aimer? Comment aimer Dieu, qui est un être incompréhensible? Qu'est-ce que le prochain? Que suis-je moi-même? Pour moi, aimer Dieu, c'est aimer la vérité; aimer son prochain comme soi-même, c'est reconnaître l'identité de sa propre existence avec celle des autres, et avec l'éternelle vérité, qui est Dieu.

Mais, direz-vous, ce Dieu, chacun le com-

---

1. M. Aksakov est un panslaviste célèbre ; M. Soloviev est ancien professeur de philosophie de l'Université de Moscou.

prend à sa façon? certains hommes ne le reconnaissant pas du tout ? Comment pourrais-je aimer mon prochain comme moi-même, alors qu'il existe en moi un sentiment égoïste inné, et dont je ne puis pas me défaire?

Je dis tout cela afin de faire ressortir que *la signification du christianisme*, *comme de toutes les religions, n'est pas dans les principes abstraits* (les principes abstraits se rencontrent dans toutes les théogonies : Bouddha, Confucius, Socrate ont été et seront toujours les représentants de la même métaphysique religieuse), *mais dans leur application, dans la représentation vivante du bonheur de chaque homme et de l'humanité prise dans son ensemble.*

Il est dit dans la Genèse qu'il faut aimer Dieu et son prochain, mais l'application de cette maxime consiste, selon la Genèse, dans la circoncision, dans l'observance du Sabbat et celle de la loi criminelle ; tandis que la doctrine chrétienne consiste dans cette indication que la loi d'amour est possible et douce à accomplir. Dans sa prédication sur la montagne, le Christ a bien nettement défini comment chaque homme doit mettre cette loi en pratique, pour son propre bonheur et pour celui des autres. Sans cette prédication, il n'existerait pas de doctrine chrétienne. Ce n'est pas aux sages que le Christ s'adressait, mais aux ignorants et aux humbles.

Dans l'exorde de ce sermon sur la montagne, il dit que celui qui aura violé le moindre de ces commandements tiendra la plus petite place dans le royaume des cieux (Saint Mathieu, V, 17-20) et, dans la péroraison, il rappelle qu'il ne faut pas parler, mais agir (Saint Mathieu, VII, 21-27); cette prédication renferme tout. Il y est donné cinq commandements pour l'observance étroite de la doctrine. Les règles les plus simples, les plus faciles à comprendre, pour l'application des

commandements envers Dieu, envers son
prochain et envers soi-même, y sont exposées.
Si étrange que cela paraisse, j'ai dû, après
dix-huit siècles, découvrir ces règles comme
une nouveauté, et ce n'est qu'après les avoir
comprises que j'ai compris du même coup
la doctrine chrétienne.

Ces règles embrassent si complètement la
vie de chaque individu que, si l'homme s'en
tenait à leur application, le royaume de la
vérité règnerait sur la terre. Si on les examine ensuite séparément, on s'aperçoit
que ce résultat si immense, si heureux,
provient de l'accomplissement des règles
les plus simples, les plus naturelles, les
plus faciles et les plus agréables à suivre.
Et lorsqu'on réfléchit à ce qu'il faudrait y
ajouter pour atteindre ce but, on ne trouve
rien. Impossible aussi de nier l'une d'elles,
sans que le royaume de la vérité en soit
menacé.

Quand même je ne connaîtrais, de la doctrine du Christ, que les cinq commandements, je serais le même chrétien qu'aujourd'hui. Ils résument pour moi toute la doctrine : 1° ne te mets pas en colère ; 2° ne commets pas l'adultère ; 3° ne blasphème pas ; 4° ne plaide pas ; 5° ne combats pas contre ton prochain.

Et c'est cette manifestation, si claire pourtant, qui a été cachée aux hommes. Aussi l'humanité s'en écartait-elle constamment dans deux sens opposés : les uns, y voyant le salut de l'âme, une représentation grossière de la vie éternelle, s'isolaient, ne pensant qu'à ce qu'ils doivent faire pour eux-mêmes, qu'à se perfectionner dans leur solitude. Ce serait risible, si ce n'était si triste. Des forces considérables ont été dépensées par ces hommes, qui étaient nombreux, et dans quel but ? Réaliser l'impossible, l'absurde ; viser au bien en vivant loin de ses semblables.

Les autres, au contraire, ne croyant pas à la vie future, vivaient, je parle des meilleurs d'entre eux, seulement pour les autres. Mais ils ignoraient et voulaient ignorer ce qu'il leur fallait pour eux-mêmes, au nom de quel principe ils voulaient le bien des autres et en quoi ce bien consistait.

Il me semble que l'un ne peut pas exister sans l'autre. L'homme ne peut pas faire son bonheur s'il agit pour lui seul, en dehors de ses semblables, comme l'ont fait les ascètes religieux. Il ne peut davantage faire du bien à ses semblables, s'il ne sait pas ce qu'il faut à lui-même et au nom de quel principe il agit ainsi, comme l'ont fait et comme le font les hommes d'État sans conviction.

J'aime d'un même amour les hommes de ces deux catégories, mais je hais leurs doctrines de la même haine. La seule doctrine véritable est celle qui ordonne une activité constante, une existence répondant aux aspi-

rations de l'âme et cherchant à réaliser le
bonheur des autres. Et telle est la doctrine
chrétienne. Elle est également éloignée du
quiétisme religieux et des prétentions hau-
taines des révolutionnaires, qui cherchent à
protéger leurs semblables sans savoir en quoi
consiste le véritable bonheur. Elle est telle
qu'en lui obéissant, on ne peut faire du bien
aux autres sans se rendre heureux soi-même ;
et qu'on ne peut se rendre heureux qu'en
faisant du bien à ses frères.

Aux yeux des jeunes gens et de ceux qui
professent notre opinion, il est très facile de
ne pas employer la violence pour résister au
mal. Eh bien ! comprenez donc que, si le
chrétien refuse d'employer la violence, c'est
parce qu'il comprend que cette violence
l'éloigne du but, qu'elle n'est pas raisonnable.
Aussi, quand il la rejette, n'est-ce pas sans
peine, au contraire ! Sa tâche est seulement
facilitée parce qu'il sait fermement qu'en ne

résistant pas au mal par la violence, mais en le combattant seulement par le bien et la vérité, il fait ce qu'il peut et accomplit la volonté du Père selon l'expression du Christ. On ne peut pas éteindre le feu par le feu, sécher l'eau par l'eau, combattre le mal par le mal. *On l'a toujours fait, on l'a fait depuis que le monde existe et l'on a continué, jusqu'à nous mettre dans la situation où nous sommes.*

Il est temps d'abandonner cette vieille méthode et d'adopter la nouvelle qui est, d'ailleurs, plus sage. Si quelques progrès furent accomplis jusqu'ici, ce n'est que grâce à ceux qui ont rendu le bien pour le mal. Et si seulement un millionième des efforts dépensés par les hommes pour vaincre le mal par la violence avait été employé à supporter le mal, sans y participer, pour éclairer le monde !

Si même on appliquait ici la méthode expérimentale! On n'est arrivé à rien avec le premier système, pourquoi ne pas essayer du nouveau qui a au moins l'avantage d'être clair, évident et si bienfaisant?

Prenons un exemple. Rappelons-nous la Russie de ces dernières vingt années.

Notre jeunesse intellectuelle a dépensé ses jours dans ce désir même de faire le bien, de se sacrifier pour hâter le règne de la vérité. Quel a été le résultat? Nul! On a été inutilement gaspiller de grandes forces morales.

Si, au lieu des terribles sacrifices auxquels cette jeunesse s'est résignée, au lieu de coups de revolver, d'explosions, d'imprimeries clandestines, ces gens pratiquaient la doctrine du Christ, c'est-à-dire considéraient que la vie chrétienne est la seule raisonnable; si, au lieu de cette tension de force inimaginable, deux ou trois douzaines d'hommes, une centaine si vous voulez, répondaient simplement quand on les appelle à la conscription :

« Nous ne pouvons servir comme assassins, car nous croyons à la doctrine du Christ, que vous-mêmes professez et qui la défendez! » S'ils agissaient de même, quand on leur demande le serment, de même pour le jugement, de même pour la violence qui consacre la propriété! Ce qui s'en suivrait, je l'ignore! Mais je sais que cela ferait avancer vers le but et que c'est la seule voie de l'activité fructueuse : ne pas faire ce qui est contraire à la doctrine du Christ et le déclarer franchement, ouvertement, et non pas pour arriver seulement à un résultat superficiel, mais parce qu'il ne faut pas faire de mal aux autres, tant qu'on n'a pas encore la force de leur faire du bien.

Telle est ma réponse à vos questions sur ce qu'il faut faire. D'ailleurs, tout cela est encore mieux expliqué dans l'Évangile (Saint Mathieu, V, 13-16).

Je prévois encore une objection. Vous me

direz que vous ne voyez pas bien comment il faut appliquer ces maximes et à quoi elles nous mèneront. Comment, selon ces règles, envisager la propriété, le pouvoir, les relations internationales?

Ne pensez pas qu'on puisse trouver quoi que ce soit d'obscur dans le christianisme. Tout y est clair comme le jour.

L'attitude à garder devant le pouvoir y est indiquée dans la parabole du denier. L'argent, détenu comme propriété, ne peut pas être admis par les chrétiens. Ce sont les autorités qui l'ont créé et c'est à l'autorité qu'il faut le rendre. Mais ton âme est libre. Elle ne dépend que du Dieu de la vérité, et c'est toujours pourquoi tes actions, ta sage liberté ne relèvent que de Dieu. On peut te tuer, mais on ne peut pas te forcer à tuer et à faire une action antichrétienne.

Selon l'Évangile, il ne saurait exister de propriété, et malheureux sont ceux qui possèdent!

Malheur à eux, car, dans quelque situation qu'ils se trouvent, tout ce que peuvent faire les chrétiens à l'égard de la propriété, c'est de ne pas participer aux violences commises en son nom; c'est de prêcher que la propriété est un mythe, qu'elle n'existe pas, mais qu'il existe seulement une force par laquelle on s'approprie les objets et que les hommes appellent la propriété.

L'homme qui donne son manteau quand on lui ôte sa chemise, ne peut pas admettre la propriété. Il ne peut pas non plus être question pour lui de relations internationales, parce que tous les hommes sont frères égaux. Et si des Zoulous venaient chez moi pour massacrer mes enfants, la seule chose que je pourrais faire, ce serait de leur faire comprendre que cela est mal et ne saurait en aucune façon leur être profitable. Je chercherai à le leur faire comprendre, tout en me soumettant, d'autant plus que je n'ai aucun

intérêt à lutter contre les Zoulous. Ou bien
ils me vaincront et ils seront encore plus
cruels à l'égard de mes enfants, ou bien, c'est
moi qui les vaincrai et mes enfants n'en pourront pas moins mourir, dès le lendemain,
dans d'épouvantables tortures. Je n'ai aucun
intérêt à combattre, parce qu'en me soumettant, je fais à coup sûr une bonne action, tandis qu'en résistant, cette action ne peut avoir
qu'un résultat douteux.

Telle est donc ma réponse. Ce que nous
pouvons faire de mieux, c'est d'accomplir
les recommandations du Christ et, pour les
accomplir, nous devons être sûrs qu'elles
sont la vérité, aussi bien pour l'humanité
entière que pour chacun de nous. Avez-vous
cette foi?

Je prévois encore deux objections.

La première, c'est que si l'on se soumet,
ainsi que je l'ai dit, aux Zoulous, aux représentants de l'autorité, si l'on donne aux

méchants tout ce qu'ils veulent prendre, si l'on refuse de participer aux charges publiques et de reconnaître la propriété, ne tombera-t-on pas aux derniers degrés de l'échelle sociale, ne sera-t-on pas rejeté, honni, décrié, et traité comme vagabond, et la lumière spirituelle qu'on possède ne risquera-t-elle pas de périr, sans profit pour personne?

Dans ces conditions, ne vaudrait-il pas mieux s'armer d'une certaine indépendance, qui permît d'instruire ses semblables et de se mettre en communion avec le plus grand nombre possible d'entre eux?

Il n'y a là qu'une illusion! Cela nous semble préférable, parce que nous tenons beaucoup aux commodités de notre vie, à nos lumières et aux prétendues joies qu'elles nous procurent. Mais, à quelque degré d'infériorité sociale que l'homme se trouve placé, il sera toujours entouré de ses semblables, et en mesure par conséquent de leur faire du bien.

Quant à la question de savoir si ce sont les professeurs de l'Université ou les habitués des asiles de nuit qui peuvent rendre le plus de services à l'œuvre chrétienne, c'est là ce que personne ne saurait dire. Mon propre sentiment et l'exemple de Jésus parlent en faveur des humbles, des pauvres. Seuls, les pauvres peuvent prêcher la bonne nouvelle. Je puis raisonner doctement et être sincère, mais personne ne me croira, tant que je vivrai dans un château et que je dépenserai en un seul jour avec ma famille, ce qui pourrait suffire à une famille pauvre pour toute une année.

Pour ce qui est de l'instruction, il serait temps de cesser d'en parler comme d'un bonheur. Tout l'effet qu'elle produit, c'est de rendre mauvais quatre-vingt-dix hommes sur cent. Quant à les rendre meilleurs, elle en est absolument incapable.

Vous avez probablement entendu parler de Sutaïev? C'est un moujik tout à fait illettré. Cependant son influence sur ses pareils et même sur nos jeunes gens instruits est plus grande, plus importante, que celle de tous les écrivains et savants russes.

Abordons maintenant la seconde objection, qui découle tout naturellement de la précédente.

— Eh bien! allez-vous me dire, et vous, Lev Nicolaïevitch [1], vivez-vous selon les principes que vous prônez?

Cette question est fort naturelle et me laisse toujours embarrassé et vaincu.

Vous prêchez, et comment vivez-vous? Je ne prêche pas, je ne puis pas prêcher, bien que je le souhaiterais ardemment. Je ne

---

1. Prénoms du comte Léon Tolstoï.

pourrais prêcher que par mes exemples, et mes actions sont mauvaises.

Quant à ce que j'écris, ce n'est pas une prédication, ce n'est qu'un démenti à ceux qui interprètent à faux la doctrine chrétienne, une explication de sa véritable signification. Elle ne tend pas à régénérer la société par la violence : son but est d'indiquer le sens de la vie dans ce monde. Ce sens se trouve dans l'accomplissement des cinq commandements. Si vous voulez être chrétien, il faut accomplir ces commandements, sinon ne parlez pas de christianisme.

Mais, m'objecte-t-on, si vous trouvez qu'il n'y a pas de vie sage en dehors de l'accomplissement de la doctrine chrétienne, et puisque vous tenez à cette vie sage, pourquoi n'accomplissez-vous pas les cinq commandements? Je réponds : Je suis coupable et je mérite le mépris. Mais j'ajoute, non pas tant pour me justifier que pour expliquer mon

inconséquence : Comparez ma vie d'autrefois
à celle d'aujourd'hui, et vous verrez que je
cherche à vivre selon la loi de Dieu. Je n'ai
pas fait seulement un millième de ce qu'il
faut faire, et j'en suis confus, mais je ne l'ai
pas fait, non pas parce que je ne l'ai pas
voulu, mais parce que je ne l'ai pas pu.
Enseignez-moi comment je pourrais m'arracher aux tentations qui m'entourent, aidez-
moi et j'accomplirai les commandements.
Accusez-moi si vous voulez, je m'accuse
déjà moi-même; mais n'accusez pas la voie
que je suis et que j'indique à ceux qui me
demandent leur chemin.

Si je connais la route qui conduit à ma
maison, et si je la suis en titubant comme
un homme ivre, cela veut-il dire que la
route soit mauvaise? Ou indiquez-m'en une
autre, ou soutenez-moi sur la véritable route,
comme je suis prêt à vous soutenir. Mais ne
me rebutez pas, ne vous réjouissez pas de ma

détresse, ne criez pas avec transport : « Regardez! Il dit qu'il va à la maison et il tombe dans le bourbier! » Non, ne vous réjouissez pas, mais aidez-moi et soutenez-moi!

Aidez-moi, mon cœur se déchire de désespoir que nous nous soyons tous égarés, et lorsque, moi, je fais tous mes efforts pour sortir de cette situation, vous, à chacun de mes écarts, au lieu d'avoir compassion, vous me montrez du doigt en criant : « Voyez, il tombe avec nous dans le bourbier! »

Voilà donc comment j'envisage la doctrine chrétienne et la manière de la suivre. Je fais tout mon possible pour y parvenir et, à chaque faute, non seulement je me repens, mais encore je demande aide pour pouvoir la réparer, et c'est avec joie que j'en trouve qui suivent la même voie que moi et que j'écoute leurs conseils.

FIN

TABLE DES MATIÈRES

Avant-Propos du Traducteur..................... v

Préface par Charles Richet..................... 1

PLAISIRS CRUELS

Les Mangeurs de viande......................... 48

La Guerre...................................... 120

La Chasse...................................... 181

Le Bonheur..................................... 211

Profession de foi.............................. 247

www.ingramcontent.com/pod-product-compliance
Lightning Source LLC
Chambersburg PA
CBHW071802020726
47502CB00004B/973